Bibliografische Information der Deutschen Nationalbibliothek:

Die Deutsche Bibliothek verzeichnet diese Publikation in der Deutschen National-
bibliografie; detaillierte bibliografische Daten sind im Internet über http://dnb.d-
nb.de/ abrufbar.

Impressum:

Copyright © 2016 GRIN Verlag
Druck und Bindung: Books on Demand GmbH, Norderstedt Germany
ISBN: 9783668620124

Dieses Buch bei GRIN:

https://www.grin.com/document/385368

Alexandros Baltas

Vorgehensweise und Vergleich von Modellen für die Evaluierung eines PLM / PDM Systems

GRIN Verlag

BACHELORARBEIT

zur Erlangung des akademischen Grades

„Bachelor of Science in Engineering" im Studiengang Wirtschaftsinformatik

Vorgehensweise und Vergleich von Modellen für die Evaluierung eines PLM / PDM Systems

Ausgeführt von: Baltas Alexandros

Wien, 13.4.2016

Kurzfassung

Die vorliegende Arbeit beschäftigt sich mit dem Thema PLM und hat als Ziel, ein Vorgehensmodell zur PLM-Evaluierung zu entwickeln. Dieses soll Unternehmen erleichtern (1) den grundsätzlichen Bedarf, (2) den eigenen Reifegrad bzw. Optimierungspotentiale im Unternehmen und (3) Evaluierungskriterien für Systemanbieter zu bestimmen. Sie bedient sich hierbei der Methodik der Literaturanalyse und stützt sich auf Quellen aus Wissenschaft und Industrie. Hierbei werden verschiedene Vorgehensmodelle aus der Literatur behandelt.

Im Verlauf der Arbeit wird der Fokus vor allem auf ein neues Model gelegt. Dieses besteht aus der VDI Richtlinie 2219 sowie dem sogenannten *Maturity Modell nach Batenburg* (2006) und dem Evolutionären Modell von Arnold et alii.

Es wird argumentiert, dass sich der Evaluationsprozess über alle Phasen der PLM-Implementierung erstreckt und iterativer Natur ist. D.h. Ergebnisse einer Phase können zu einer neuen Beurteilung von Ergebnissen früherer Phasen führen. Dieses Evaluierungsmodell wird anhand von ausgewählten Punkten, welche potentielle Problemfelder darstellen, erläutert und mit Beispielen aus Unternehmen mit hohem Engineering-Anteil veranschaulicht. Zielgruppe dieser Arbeit sind somit Großunternehmen, aber auch KMUs, die Konstruktion, Entwicklung und Produktion alleine oder in Kooperation mit Partnerunternehmen betreiben.

Schlagwörter: Product Lifecycle Management, Vorgehensmodelle, Selbstevaluierung, Systemevaluierung,

Abstract

This paper addresses the problem of generating a model that assists in evaluating PLM. Its objective is to enable companies to assess (1) whether an implementation of PLM is required or useful, (2) a company's maturity level with regards to PLM implementation, and (3) a provider of PLM systems' ability to meet a company's requirements by developing evaluation criteria. It does so by adopting the method of literature review and uses sources of academic as well as industrial origin. It discusses models which are mentioned in academic sources but lays the focus on the two most prominent sources being a process model presented by guideline VDI 2219 and the so-called 'maturity model' as published by Arnold et alii and Batenburg. Thus, a new model is being derived consisting of the combination of the above. This paper argues that evaluation does not simply happen during a specific phase but evolves during the whole PLM implementation process and does so in a highly iterative way. Results might at any time give cause to reconsider earlier findings. The model presented in this paper illustrates specific aspects that potentially cause problems with examples derived from companies that engage in PLM related activities. It thus targets small-, medium- and large sized engineering companies who design and produce on their own or in cooperation with other companies.

Keywords: Product Lifecycle Management, Implementation, Models, Selfevaluation, Systemevaluation

Einleitung

Diese Arbeit gliedert sich in drei Kapitel, im ersten Kapitel werden Modelle für die Evaluierung von PLM / PDM aus der Literatur und Praxis vorgestellt und diskutiert.

Das zweite Kapitel widmet sich dem Thema Selbstevaluierung. Welchen Reifegrad und über welche Fähigkeiten ein Unternehmen verfügen muss bevor ein PLM-System sinnvoll eingeführt werden kann. Im dritten Kapitel werden Kriterien für die Evaluierung eines PLM-System diskutiert. Diese Arbeit hat es sich zum Ziel gesetzt, ein Vorgehensmodell zu entwickeln, welches Unternehmen darin unterstützt, ihren eigenen Reifegrad zu bestimmen, schließlich aber auch konkrete Forderungen an PLM-Lösungen zu definieren.

Was bedeutet nun PLM? Diese Abkürzung steht für *Product Lifecycle Management*, wie *Industrie 4.0* ist es ein Schlagwort, das nicht mehr aus Industrie und Wirtschaft wegzudenken ist. Es existiert mittlerweile ausgereifte Literatur bezüglich der Möglichkeiten, die ein PLM-System unterschiedlichen Unternehmen bietet sowie hinsichtlich der Vorgehensweise ein PLM-System zu implementieren. Hierbei kommt dem Prozess einer PLM-Evaluierung allerdings eine untergeordnete Rolle zu. Diese Arbeit hat es sich zum Ziel gesetzt, hierzu einen Beitrag zu leisten und stellt die Frage, wie ein Evaluierungsmodell gestaltet werden kann. Es wird argumentiert, dass sowohl hinsichtlich des Unternehmens selbst als auch bezüglich der Systemanbieter ein Evaluierungsprozess stattzufinden hat. Dieser berücksichtigt verschiedene organisationstechnische, prozesstechnische, aber auch IT-technische Aspekte. Angelehnt an allgemeinen Vorgehensmodellen wie in der VDI 2219 und bei Arnold et al. präsentiert, wird ein neues Vorgehensmodell entwickelt, das den Evaluationsprozess in den Vordergrund rückt. Der Rahmen dieser Arbeit erlaubt keine Verifizierung des als Hypothese vorgestellten Modells; ein nächster Schritt wäre es, in einer zukünftigen Arbeit die Anwendbarkeit bzw. Aussagekraft bei Unternehmen mit hohem Engineering Anteil zu testen. Zur Illustration der Herausforderungen, die eine PLM-Systemeinführung darstellt, werden Praxisbeispiele aus dem Bereich Engineering angeführt, die auf Gesprächen mit Mitarbeiter/innen der Firmen K&N Schalterentwicklungs GmbH, Benedict GmbH und der Hoerbiger Holding basieren. Diese Firmen planen eine bzw. beschäftigen sich mit der Thematik PLM-Einführung. Die angeführten Beispiele veranschaulichen, welche Herausforderungen bezüglich Organisation und Prozessgestaltung gemeistert werden müssen und worauf in weiterer Folge bei der Selbstevaluierung wie bei einer Systemevaluierung geachtet werden muss.

Der Rahmen dieser Arbeit erlaubt keine allumfassende Behandlung des Themas PLM-Evaluierung und so besteht die Zielgruppe sowohl aus Groß- als auch mittelständische Unternehmen mit einem hohen Entwicklungsanteil. Durch den Fokus auf die Phasen der Produktentstehung werden weitere Phasen des Produktlebenszyklus wie Marktanalyse, Vertrieb, Nutzung und Recycling und deren Kriterien hinsichtlich einer PLM-Einführung vernachlässigt. Diese Arbeit bedient sich der Methodik der Literaturanalyse. Sämtliche Grafiken und Tabellen, sofern nichtausdrücklich anders ausgewiesen, wurden vom Autor erstellt und gestaltet.

1 Evaluierungsmodelle

Dieses Kapitel stellt eine Auswahl von Modellen und Frameworks aus der Literatur und der Praxis, für die Evaluierung von PLM / PDM vor.

Die Modelle sind der Literatur entnommen oder stammen von PLM Softwareanbietern und aus verschiedenen Bereichen der Industrie.

1.1 PLM Evaluierung nach Kalypso

„Developing a strategic PLM program is a multi-step process that is best addressed by starting small, thinking big, and building incrementally" (Poston, 2006, p. 11).

Kalypso (2006) hat ein Modell entworfen, welches die Anforderungen von Halbleiterherstellern bedient aber auch für andere Branchen adaptierbar ist.

Die Prozesse bauen aufeinander auf und sollten inkrementell umgesetzt werden.

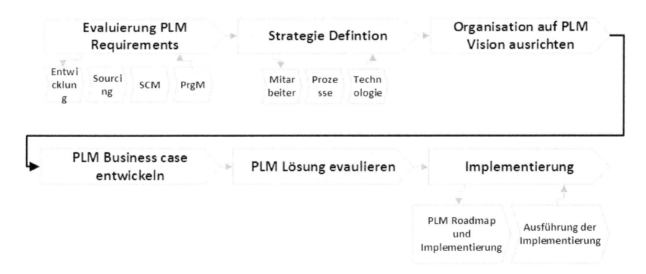

Abbildung 1 Model nach Kalypso abgleitet von (Poston, 2006, pp. 10-11)

Die Evaluierung der einzelnen Prozesse auf ihre PLM Reife kann mittels Maturity-Modellen durchgeführt werden.

Dazu werden alle PLM Komponenten (Abbildung 2) in der Prozesslandkarte mittels Fragebögen auf ihre PLM Reife untersucht. Es wird der Ist -, und Sollzustand erfasst und mit dem Zielzustand abgeglichen.

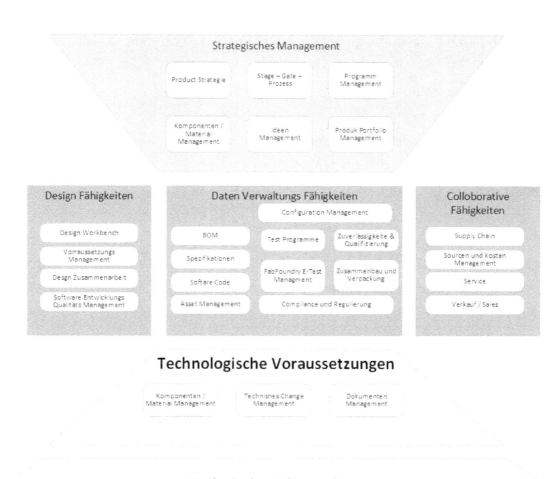

Abbildung 2 Komponenten einer PLM Lösung nach Kalypso (2006, p. 8)

Für Unternehmen in der Halbleiter-Herstellung ergeben sich technologische Voraussetzungen, welche erfüllt sein müssen, um überhaupt PLM in Erwägung zu ziehen und welche das Fundament für alle weiteren Komponenten bilden. Hierunter fallen die technische Infrastruktur und die technologischen Voraussetzungen.

Kalypso (2006) beschreibt die Komponenten wie folgt:

Strategisches Management
Plant und ermöglicht die Erstellung und Umsetzung von Produkt und Technologie Roadmaps.
Unterstützt das Innovationsmanagement und den Innovationsprozess.

Design-Fähigkeiten
Aufgabe ist es die Kundenwünsche im System mit den Bestandteilen und den Entwicklungsteams zu verbinden. Sie dokumentieren die Verknüpfungen und alle Änderungen im Entwicklungsprozess.

Sie ermöglichen die standort – und plattformunabhängige Zusammenarbeit im Unternehmen.

Datenverwaltungsfähigkeiten

Ziel ist es, eine Version eines Produkts zu haben, welche über die Wertschöpfungskette hinaus auch beim Partnern und Kunden, sowie Zulieferern einheitlich ist. Dieses Dokument enthält alle Informationen und verknüpften Prozesse und zieht sich über den ganzen Lebenszyklus des Produktes.

Softwarefähigkeiten und Qualitätssicherung

Diese Komponente ist ein integraler aber oft vernachlässigter Bestandteil einer PLM Lösung. Die PLM Lösung sollte dem Unternehmen helfen schon in der Entwicklung Bugs und Softwarefehler zu erkennen.
Sie dient auch als Schnittstelle zwischen den Integrated Circuit und der dazu gehörenden Software.

Supply Chain Capabilities

PLM Lösungen, welche im Umfeld der Halbleiter-Industrie zum Einsatz kommen, sollten immer als ein über mehrere Unternehmen übergreifendes System gesehen werden. Das Outsourcen sollte deswegen nur bei einer ausgezeichneten und sicheren Kommunikation mit externen Design Shops, erwogen werden (Poston, 2006, pp. 8-11).

1.2 CIM Data - Modell für PLM Evaluierung

Das CIM Modell (2014) setzt eine bestehende technische Infrastruktur sowie eine Daten-Zugriffsstruktur voraus.

Auf diesen Grundlagen werden das Dokumenten-Management und die weiteren Prozessschritte aufgesetzt (Abbildung 3).

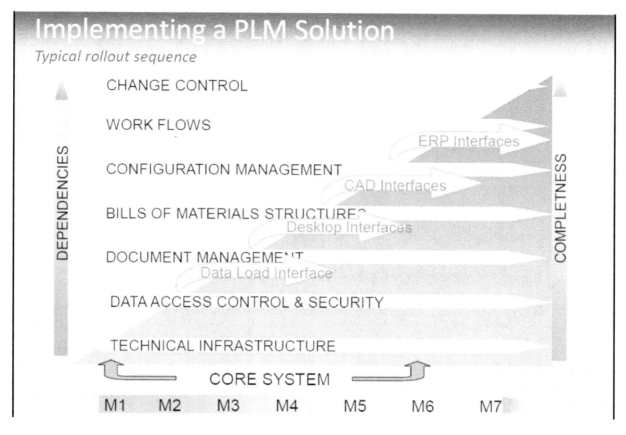

Abbildung 3 CIM Data PLM Implementierung (McKinney, 2014, p. 7)

Es wird auch empfohlen, nicht den „Big Bang"-Ansatz zu wählen, sondern inkrementell die Schritte abzuarbeiten (McKinney, 2014, p. 13).

Die Evaluierung der Prozessschritte gestaltet sich analog zur VDI bzw. dem Kalypso Modell. Per Maturity-Frageböden wird die PLM Reife der Komponenten analysiert und bewertet. Hieraus leiten sich die PLM Potentiale ab.

Der Ablaufprozess ist in Abbildung 4 dargestellt.

Der Prozesse Change Control zieht sich durch den ganzen Ablauf und wurde deswegen als Überprozess für das Modell abgebildet (Abbildung 4).

Change Kontrolle / Management

Evaluierung PLM Requirements **Evaluierung Zugriffsstruktur** **Evaluierung der DMS Fähigkeiten**

Technische Vorraussetzungen   Mitarbeiter   Prozesse

Bills of Material Workflow evaulieren **Konfigurations Management** **Work Flows evaluieren**

Abbildung 4 Modell nach CIM Data (McKinney, 2014)

1.3 Fraunhofer Modell

Fraunhofer (2011) stellt den generellen Ablauf der Evaluierung bzw. der Einführung eines PLM Systems in Abbildung 5 vor.

Abbildung 5 Auswahl eines PDM/PLM Systems nach (Binzer, 2011, p. 8)

Fraunhofer nennt als Erfolgsfaktoren die in Abbildung 6 genannten Punkten bzw. Kriterien.

Erfolgsfaktoren in PDM/PLM Auswahl- und Einführungsprojekten

Berücksichtigung des Faktor **Mensch**

Einsatz der richtigen **Methoden**

Unterstützung durch das **Management** und die Unternehmenspolitik

Anwenderorientierte **Qualifizierung**

Effektive und effiziente **Soll-Prozesse**

Konsequente **Projektplanung**

IuK-Management

Konsequente **Projektsteuerung** & Koordination

Optimale **Teamzusammensetzung**

Das richtige PDM/PLM-System

Strukturiertes **Anforderungsmanagement**

Erfolgreiche und partnerschaftliche **Zusammenarbeit** aller Beteiligten

Optimale **Datenbasis**

Zuverlässige **Technik/ Infrastruktur**

Kontinuierliche **Wirtschaftlichkeits**-betrachtung

Partnerschaftliches Verhältnis mit **externen Auftragnehmern**

Durchführung von **KVP/Lessons Learned**

Effektive Projekt-**dokumentation**

Abbildung 6 Erfolgskriterien nach Fraunhofer (Binzer, 2011, p. 10)

Die Prozessschritte für die Evaluierung von PLM werden vom Fraunhofer Institut wie folgt dargestellt. Für diese Arbeit sind die Voranalysephase und die Analysephase besonders von Bedeutung (Abbildung 7).

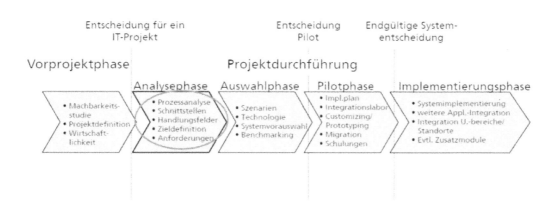

Auswahl und Einführung eines PDM/PLM-Systems
Vorgehensweise

Entscheidung für ein IT-Projekt

Entscheidung Pilot

Endgültige Systementscheidung

Vorprojektphase

Projektdurchführung

Analysephase | **Auswahlphase** | **Pilotphase** | **Implementierungsphase**

- Machbarkeitsstudie
- Projektdefinition
- Wirtschaftlichkeit

- Prozessanalyse
- Schnittstellen
- Handlungsfelder
- Zieldefinition
- Anforderungen

- Szenarien
- Technologie
- Systemvorauswahl
- Benchmarking

- Impl.plan
- Integrationslabor
- Customizing/ Prototyping
- Migration
- Schulungen

- Systemimplementierung
- weitere Appl.-Integration
- Integration U.-bereiche/ Standorte
- Evtl. Zusatzmodule

Abbildung 7 PLM Implementierungsprozess nach Fraunhofer (Binzer, 2011, p. 11)

Für die Evaluierung von PLM Potentialen kann nach Abbildung 8 vorgegangen werden.

Abbildung 8 Methoden für die PLM Potential Findung 1 von 2 (Binzer, 2011, pp. 13-14)

Abbildung 9 Methoden für die PLM Potential Findung 2 von 2 (Binzer, 2011, p. 14)

Wie bei (Arnold, et al., 2011) empfohlen, sollen mittels dieser Schritte die PLM Potentiale im Unternehmen gefunden und entwickelt werden.

Fraunhofer gibt diese Punkte für die Auswahl des richtigen Systems für ein Unternehmen an.

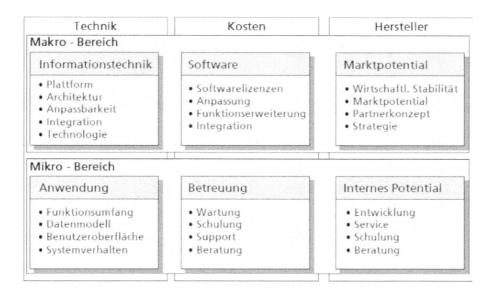

Auswahl und Einführung eines PDM/PLM-Systems
Auswahlphase: Vorauswahlkriterien zur PLM-Entscheidungsfindung

Abbildung 10 Auswahlkriterien für ein PLM / PDM System (Binzer, 2011, p. 17)

Für die PLM System Entscheidungsfindung wird nach (Binzer, 2011) ein dreistufiger Prozess empfohlen:

1 Stufe

Entwurf von prozessorientierten Szenarien.

2 Stufe

Benchmark Tests und Vorführungen mit mindestens drei Kandidaten.

3 Stufe

Den Besuch bei Referenzkunden

1.4 Tech Clarity Framework

Tech Clarity (2015) stellt in seinem Whitepaper sein Model für die PLM / PDM Evaluierung vor.

Die Kriterien sind in Abbildung 11 dargestellt.

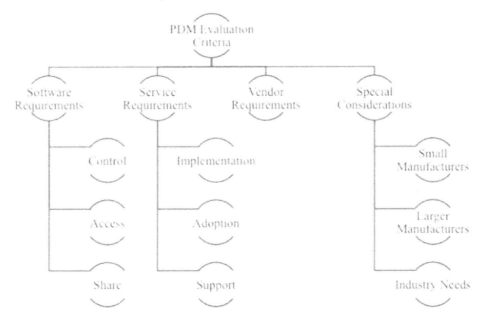

Abbildung 11 PLM Evaluierung Kriterien (Brown, 2015, p. 3)

Es wird ein hoher Fokus auf Kontrolle, Zugriff und Berechtigungen (Share) gelegt.
Sie bilden wie bei anderen Modellen die Grundlage um ein PLM / PDM System einführen zu können.

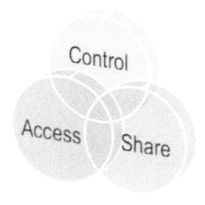

Abbildung 12 Die Hauptfaktoren nach Tech Clarity (Brown, 2015, p. 6)

Tech Clarity (2015, p. 17) empfiehlt diese Punkte einer genaueren Untersuchung zu unterziehen:

- Product requirements
- Implementation, adoption, and support requirements
- Vendor / business requirements
- Special requirements based on company size (particularly for very small or very large organizations)
- Special considerations to meet industry needs

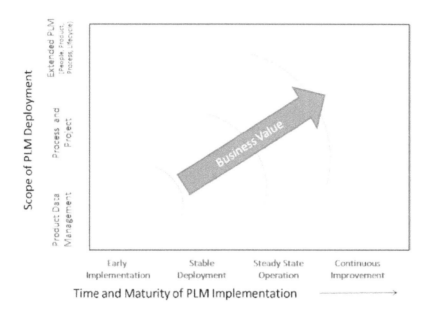

Abbildung 13 PLM Implementierung nach Zeit und Maturity (Brown, 2015, p. 18)

In Abbildung 13 zeigt Tech Clarity dass mit fortlaufen des Projektes die PLM Fähigkeiten des Unternehmens steigen. Es zeigt aber auch, dass PLM / PDM keine Software ist, welche einfach installiert wird, sondern es sich um ein Projekt handelt, welches im Schnitt 30 bis 45 Monate in Anspruch nehmen kann (Dassault Systèmes, 2006).

1.5 Y – Modell nach Scheer

„Im Kern betrachtet das Y-CIM-Modell die betriebswirtschaftliche und die technische Prozesskette in der Fertigung. Die betriebswirtschaftlichen Aufgaben zielen dabei auf die Planung und Durchführung von Fertigungsaufträgen" (Scheer, et al., 2005, p. 4).

Scheer (2005) bildet mit dem Y-Model ein Unternehmen als Ganzes ab. Ziel ist es, die Verbindung der betriebswirtschaftlichen mit den technischen Systemen zu zeigen. Auch soll das Zusammenspiel zwischen Produktionsplanung (PPS) und Autorensystemen (CAx) deutlich gemacht werden.

Das Modell kann als erste Vorlage für das Ableiten von Evaluierungsprozessen verwendet werden.

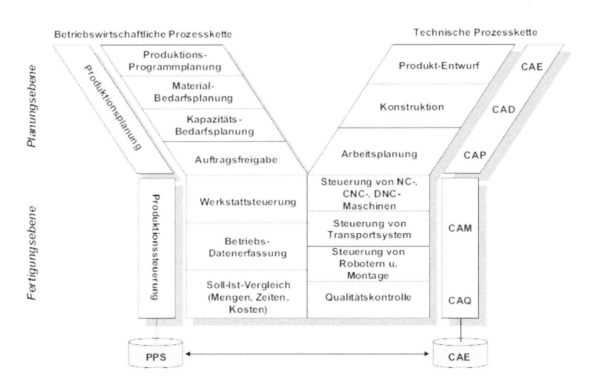

Abbildung 14 Y-Modell nach (Scheer, et al., 2005, p. 5)

In Abbildung 15 wird gezeigt wo Evaluierungsprozesse angesetzt werden können. Zur Auswertung werden auch hier die Maturiy Modell Fragebögen empfohlen (Arnold, et al., 2011, p. 57).

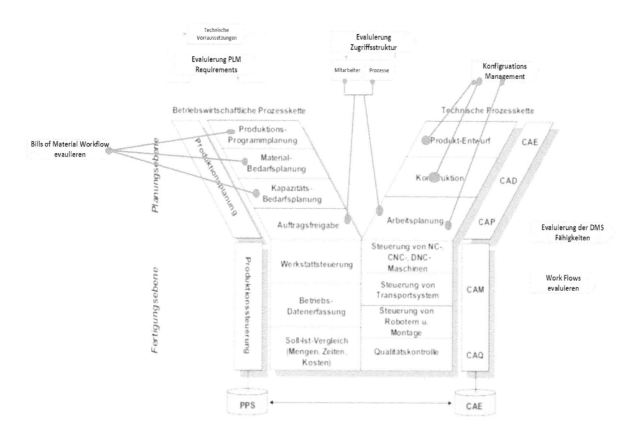

Abbildung 15 Y-Modell mit Prozessen nach (Scheer, et al., 2005, p. 5)

Die technischen Voraussetzungen müssen im Vorfeld für PLM gegeben sein, der Prozess hierfür wird vorab durchgeführt und ist deswegen mit keinem Punkt im Y-Model verknüpft.

Scheer stellt auch ein Modell für die Evaluierung von CAD dar, dieses hat auch Potential, um daraus Schritte für PLM abzuleiten.

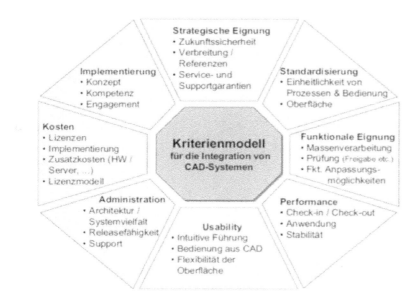

Abbildung 16 Kriterien für die CAD Auswahl (Scheer, et al., 2005, p. 17)

1.6 Holistisches PLM Modelle

"PLM is a holistic business concept, which guides the usage of all product related information in the organization. Thus, it needs to start with the strategy of an organization, including the product strategy and the knowledge management strategy of the organization, which form the base for a PLM strategy" (Silventoinen, 2011).

Silventoinen (2011) beschränkt sich bei seinem Modell nicht auf einzelne Aspekte des Unternehmens. Er betrachtet PLM als eine ganzheitliche Lösung, die jeden Bereich eines Unternehmens beeinflusst.
Er erweitert die Sichtweise, indem er Personen und die Unternehmenskultur in sein Modell mit einbezieht.

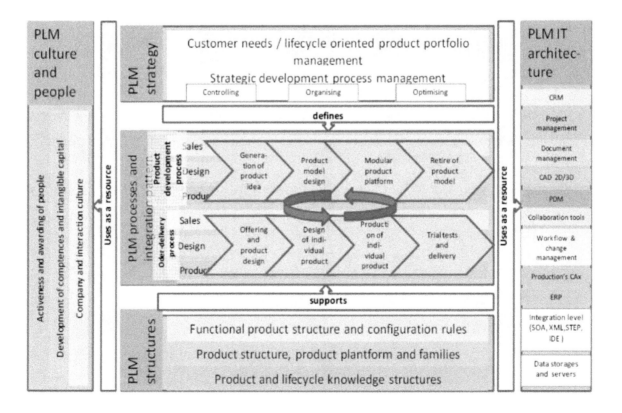

Abbildung 17 Holistische Betrachtung nach Silventoinen (Silventoinen, 2011, p. 486)

Die Kernprozesse sind sowohl von den Mitarbeitern als auch von der IT-Architektur abhängig. Sie bilden die Basis bzw. die technologischen Grundlagen.

Für die Erfassung der PLM Reife der einzelnen Komponenten kann auf (Silventoinen, 2011) und die Maturity Modelle zurückgegriffen werden.

1.7 Synthese von VDI mit Arnold

Die vom Verein der deutschen Ingenieure gestaltete VDI Richtlinie 2219 bietet ein strukturiertes Vorgehensmodell zur Einführung und dem Betrieb von PDM bzw. PLM-Systemen und richtet sich sowohl an Großunternehmen als auch an KMUs. Im Zuge dieser Arbeit wird der 2014 veröffentlichte Entwurf vorgestellt, gegen den bis 31.03.2015 Einspruch erhoben werden konnte. Dieser Entwurf empfiehlt in jedem Fall zunächst die Zusammenstellung eines für die Systemauswahl zuständigen Teams, das aus Experten der betroffenen Fachabteilungen und der IT-Abteilung sowie aus evtl. herangezogenen externen Beratern besteht. Abbildung 18 illustriert den Ablauf einer Systemauswahl: Es wird mit einer Ist-Analyse der Unternehmenssituation begonnen. Im Fokus sehen hier u.a. Prozesse, Klassifizierungssysteme, Informationsflüsse, Dokumenttypen, Mengengerüste sowie die bestehenden Autorensysteme[1]. Basierend auf den aus der Ist-Analyse gewonnen Informationen sowie den zuvor definierten Unternehmenszielen wird ein Sollkonzept erstellt, das *„den Einsatz des PDM-Systems entlang des PLM-Prozesses"* beschreibt (Verein Deutscher Ingenieure, 2014, p. 13). Ziel ist es, ein Datenmodell zu erstellen, das Zusammenhänge zwischen einzelnen Objekten verwaltet sowie generell ein Konzept über die gewünschte IT-Architektur hinsichtlich Infrastruktur und Schnittstellen zu dem bestehenden ERP-System zu erstellen. Aus dem Sollkonzept wird eine Anforderungsliste abgeleitet, die jene Funktionen und Anwendungen beschreibt, mit denen der künftige Alltag gemeistert werden soll. Die Systemauswahl, auf der schließlich die Entscheidung beruht, geschieht nach Kriterien (1) strategischer und (2) funktionaler Natur, sowie anhand von (3) Referenzen und in Bezug auf Anbieterqualität und -stabilität am Markt. So macht es beispielsweise keinen Sinn, eine Partnerschaft mit einem Systemanbieter einzugehen, der seine Leistung nicht die nächsten 10 Jahre erbringen kann (Verein Deutscher Ingenieure, 2014, pp. 12-15). Schließlich wird eine Wirtschaftlichkeitsanalyse unter Anwendung der Kapitalwertmethode, der Methode des internen Zinsfußes sowie in Form einer dynamischen Amortisierungsrechnung empfohlen (Verein Deutscher Ingenieure, 2014, p. 22).

---

[1] auch Erzeugersystem genannt. Es handelt sich hier um Systeme, die primär Daten erzeugen, die aber unter Umständen von anderen Systemen verwaltet werden müssen. Beispiele hierfür sind CAx-Systeme, Word etc.

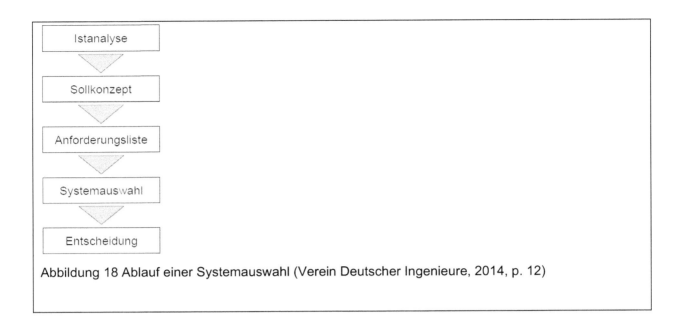

Abbildung 18 Ablauf einer Systemauswahl (Verein Deutscher Ingenieure, 2014, p. 12)

Die VDI Richtlinie 2219 gibt detailliertere Empfehlungen zur Implementation ab, geht aber nicht weiter auf Inhalt oder Methoden der Selbstanalyse ein. Für den Fall eines Systemwechsels von einem vorhandenen PDM- zu einem neuen PDM- bzw. PLM-System wird darauf hingewiesen, dass ein *„Abgleich der Daten"* sowie eine *„Überarbeitung vorhandener Prozesse wegen neuer Funktionalitäten"* von Nöten ist, es wird aber nicht weiter erläutert, um welche Prozesse es sich hier handelt und welche organisatorischen Aspekte überarbeitet werden müssen (Verein Deutscher Ingenieure, 2014, p. 19). Dieses Vorgehensmodell vertritt die Ansicht, dass neue Funktionalitäten eines zu wählenden PLM-Systems die Arbeitsprozesse eines Unternehmens prägen. Diese Arbeit vertritt jedoch den Ansatz, dass im Gegenteil zuerst (historisch gewachsene) Prozesse überarbeitet und optimiert werden müssen und dann zu untersuchen ist, welches PLM-System diese durch Funktionen, mit denen Teilaufgaben automatisiert werden, am besten unterstützt.

Ein weiterer Punkt, den es kritisch zu betrachten gilt, ist die lineare Darstellungsform des Implementierungsprozesses. Es wird hiermit vernachlässigt, dass es sich hierbei um ein iteratives Vorgehen handelt. Arnold et al. (obgleich älteren Datums) berücksichtigen diesen Aspekt und präsentieren ein Vorgehensmodell, welches, um die iterative Natur des Implementierungsprozesses[2] zu unterstreichen, in Form eines Spiralmodells dargestellt ist. Basis ist eine PLM-Vision, mit der ein eigens zusammengestellter PLM-Stab betraut wird. Die PLM-Vision beschreibt nicht nur langfristige Ziele, sie ist auch ein Kontrollinstrument, mit dem der jeweilige Projekt- und Unternehmensstatus geprüft wird. Basierend auf dieser PLM-Vision wird in der ersten Phase der Reifengrad eines Unternehmens bezüglich einer PLM-Implementierung bestimmt, indem der Ist-Zustand verschiedener Funktionsblöcke wie

---

[2] Aus Unternehmenssicht stellt die Einführung eines PLM-Systems ein Projekt dar, in dem Versuch ein Vorgehensmodell für eine PLM-Implementierung zu generieren, wird diese allerdings als Prozess betrachtet.

Dokumentenmanagement, Änderungs- und Freigabemanagement, unternehmensübergreifende (oder standortübergreifende) Produktentwicklung etc. analysiert wird. Je nach erzieltem Reifegrad gilt es noch Vorbereitungsarbeiten zu unternehmen. In der zweiten Phase werden – wieder in Übereinstimmung mit der PLM-Vision – Anforderungen hinsichtlich der einzelnen Funktionsblöcke konkretisiert, die in einem Lastenheft festgehalten werden. In der dritten Phase erstellt ein potentieller Systemlieferant, eventuell in Zusammenarbeit mit der unternehmensinternen IT-Abteilung ein Pflichtenheft, in dem jene Leistungen beschrieben werden, die der Auftragnehmer erbringen muss. In der letzten Phase schließlich erfolgen die Systemimplementierung und -integration. Es ist damit zu rechnen, dass die gewählte PLM-Lösung noch in der Phase der Implementierung an das Unternehmen angepasst werden muss. Es muss kontinuierlich verifiziert werden, ob mit der getroffenen Wahl die gesetzten Ziele tatsächlich erreicht werden können (Arnold, et al., 2011, pp. 55-75).

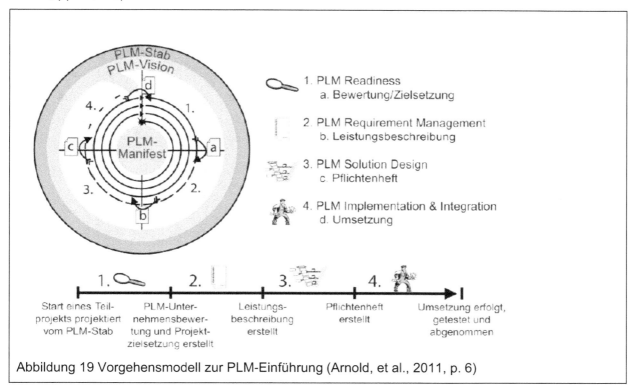

Abbildung 19 Vorgehensmodell zur PLM-Einführung (Arnold, et al., 2011, p. 6)

In den folgenden Kapiteln wird ein Vorgehensmodell präsentiert, das dem Evaluierungsprozess größere Bedeutung beimisst. Ausgehend von dem Prozessmodell der VDI 2219 wird parallel dazu zwischen Phasen der Selbst- und der Systemevaluierung unterschieden (siehe Abbildung 20). In Anlehnung an Arnold et alii wird der iterativen Natur dieser Prozessschritte größere Bedeutung beigemessen[3]. So kann im Zuge der Erstellung

---

[3] Dies wird in den Abbildungen dieser Arbeit jeweils mit einem zyklischen Pfeil dargestellt, der Schleifen bzw. Iterationsmöglichkeiten in Bezug auf die gesamte Prozessphase repräsentiert.

eines Soll-Konzeptes festgestellt werden, dass gewisse Unternehmensaspekte noch nicht ausreichend untersucht wurden, sodass u.U. nochmals eine Ist-Analyse stattfindet.

Abbildung 20 Evaluierungsmodell im Vergleich zu VDI 2219

Auch betont das in dieser Arbeit entwickelte Vorgehensmodell, dass eine Zieldefinition nicht erst bei Erstellung des Sollkonzeptes stattfindet, sondern auf einer strategischen Ebene bereits am Anfang formuliert werden muss (siehe Abbildung 21). Auch die Ziele können sich im Laufe der Ist-Analyse sowie der Soll-Konzeption ändern. Schließlich weist dieses Modell darauf hin, dass noch vor einer Systemevaluierung Vorbereitungsarbeiten zu definieren sind. Es wird hiermit der Ansatz vertreten, dass die Einführung eines PLM-Systems ohne vorangestellter Prozess- und Strukturoptimierung das alte System im neuen Gewand ist.

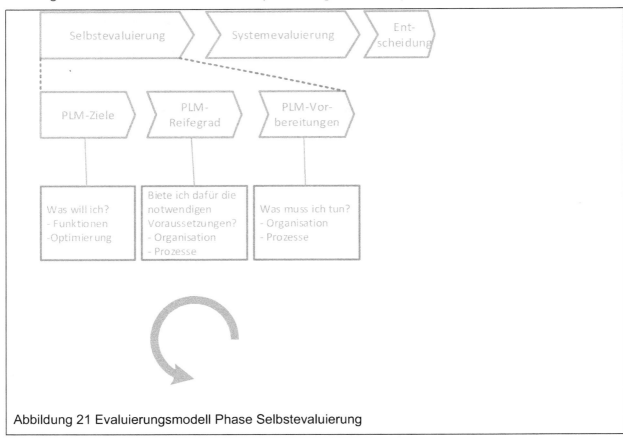

Abbildung 21 Evaluierungsmodell Phase Selbstevaluierung

Abbildung 22 illustriert, dass die Phase der Formulierung von PLM-Zielen nicht nur den Beginn der Selbstevaluierung, sondern auch der Systemevaluierung darstellt. In Anlehnung an diese ist durch die IT-Abteilung – evt. in Kooperation mit externen Beratern – eine Anforderungsliste zu erarbeiten, die darauf eingeht, was eine PLM-Lösung systemtechnisch bieten muss, um eine Umsetzung dieser Ziele zu ermöglichen. Hier werden verschiedene Möglichkeiten der Systemintegration betrachtet – nicht nur hinsichtlich diverser zusätzlicher Funktionen bei der Handhabung, sondern auch unter Berücksichtigung der Herausforderungen, die eine PLM-Lösung bei einer Datenmigration meistern und systemtechnisch unterstützen muss. In der folgenden Phase werden unterschiedliche Systemanbieter auf Basis des Anforderungsprofils bzw. Lastenheftes miteinander verglichen. Schließlich unterstützt eine Nutzen-Kosten-Analyse bei der Entscheidungsfindung. An dieser Stelle sei auf die VDI 2219 verwiesen, die hier dynamische Verfahren der Investitions- und Amortisierungsrechnung empfiehlt und erläutert (Verein Deutscher Ingenieure, 2014, p. 22).

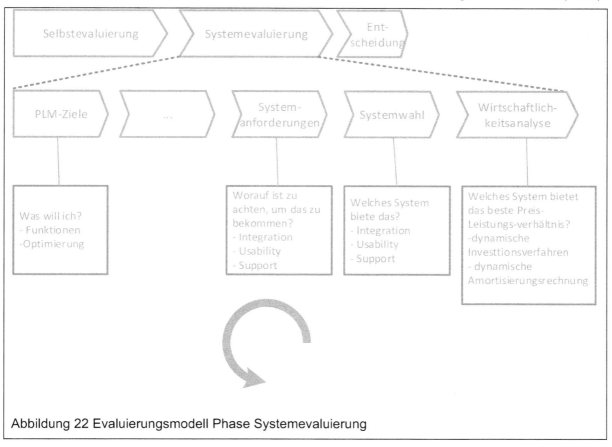

Abbildung 22 Evaluierungsmodell Phase Systemevaluierung

1.8 Fazit und Entwurf eines neuen Modells

Dieses Kapitel sollte zeigen, dass es keine „*one size fits all*" Lösung bezogen auf PLM gibt. Die Implementierung eines PLM Systems kennt leider keine Abkürzung und ist mit viel Arbeit und Kosten verbunden (Dassault Systèmes SolidWorks Corp., 2012, p. 13).

Unternehmen müssen sich im Klaren sein, dass ein PDM-System sowie dessen Ausbaustufe PLM, schmerzhafte Änderungen in der Organisation und den Unternehmensprozessen mit sich bringen können (Scheer, et al., 2005, pp. 27-28).

Die folgenden Kapitel sollen anhand von Beispielen aus Praxis und Literatur zeigen wie eine PLM Evaluierung durchgeführt werden kann. Hierzu wurde auch ein neues Modell erstellt.

Dieses neue Modell setzt sich aus Komponenten zusammen, welche im Kapitel 1.7 vorgestellt wurden. Diese wären das Modell nach VDI2219 (2014) und Arnold (2011) so wie die Maturity Modelle nach Batenburg (2006).

Dieses neue Modell ist mehr als die Summe seiner Teile und ist als Synthese der oben genannten Elemente zu sehen.

Abbildung 23 Modell Synthese

Die VDI2219 eignet sich hervorragend als Startkit, welches alle notwendigen Methoden mitbringt, um Prozesse individuell für das jeweilige Unternehmen zu entwickeln.

Ursprünglich aus dem Softwareevaluierungsbereich kommend, ist dank ihrer Flexibilität eine Anpassung für PLM möglich.

Das Modell von Arnold (2011) und die in der Literatur vorgestellten Maturity Modelle nach Silventoinen (2011) und Batenburg (2006) ergänzen die VDI um die für PLM notwendigen Punkte und ermöglichen die Bewertung der PLM-Reife einzelner Unternehmensbereiche.

Im Kapitel 2 werden die Kriterien für eine PLM-Selbstevaluierung diskutiert und im weiteren Verlauf der Arbeit das in Abbildung 23 gezeigte neue Modell verwendet.

2 Selbstevaluierung

Wenn ein Unternehmen beschließt ein PLM-System einzuführen, sind bestimmte Voraussetzungen zu erfüllen. Das Kapitel 2 befasst sich mit dieser Selbstevaluierung, in der die wichtigsten Voraussetzungen und Kriterien vor einer potentiellen Einführung diskutiert werden. In Kapitel 3 werden dann die Kriterien für eine PLM-System-Evaluierung beschrieben.

2.1 Unternehmensbedarf an PDM bzw. PLM

„Brauchen wir denn so ein System?", ist oft eine der ersten Fragen, wenn es um die Evaluierung eines PLM-Systems geht.

Sendler (2009) nennt hierzu Beispiele aus den Bereichen Automobilbau und Smartphones. Beide Sparten erleben eine drastische Verkürzung der Entwicklungszeit bei gleichzeitiger Vervielfachung der Typen- und Variantenvielfalt. Entwicklung, Produktion, Vertrieb, Produkteinsatz, Wartung und selbst das Recycling sind so kompliziert geworden, *„dass nicht selten die Übersicht verloren geht"* (Sendler, 2009, p. 5). Hier sind traditionelle Methoden und Vorgehensweisen nicht mehr ausreichend. Es ergibt sich die Notwendigkeit, *„Prozesse den Anforderungen der Gegenwart und Zukunft anzupassen"* (Sendler, 2009, p. 6). Ziel ist es, Strukturen der Zusammenarbeit und Kommunikation zu entwickeln, die schnell und einfach adaptierbar sind. Sendler betont, dass PLM *„eine wichtige Rolle spielen [wird], vielleicht sogar eine entscheidende"* (2009, p. 6). Basierend auf Ausführungen des Forschungs- und Beratungsunternehmens Gartner (Aras, 2016) werden in Tabelle 1 konkrete Problemstellungen angeführt, die auf einen Bedarf an PLM-basierter Struktur und

Unterstützung hinweisen. Neben der Auflistung möglicher Gründe wird auch erarbeitet, in welcher Hinsicht, die Einführung eines PLM-Systems Abhilfe schaffen kann.

Tabelle 1 Bedarfsindikatoren für PLM

Problem	betroffene Branchen	mögliche Gründe	PLM-Maßnahmen
Vertrieb weiß nicht welche Produktkonfigura-tionen gefertigt werden können	Maschinenbau, Werkzeugbau, Business Electronics, allg. Unternehmen mit Auftragsfertigung	keine Übereinstimmung von Produkt Konfigurator des Bestellsystems und Stücklisten aus Entwicklung und Produktion	Einführung Variantenmanagement; parametrische Konstruktion von Teilen und Bauteilen; automatischer Datenabgleich von Entwicklungs-, Produktions- und Vertriebsstücklisten; automatischer Datenabgleich bei Änderungen an Teil und Baugruppe
Zu lange Produkteinführ-ungszeiten; Schwierigkeiten mit *time-to-market*	Konsumgüter-bereich, High-Tech-Branche, Biowissen-schaften	unzureichende Datenintegration	Reduzierung des Modellierungs- und Konstruktionsänderungs-aufwands mittels integrierter CAD-Lösung[4]
Schlecht laufende Produktentwickl-ungsprojekte werden zu spät als solche erkannt	alle Branchen	Entscheidungsträger haben keinen Zugang zu relevanten Informationen; fehlende Verlinkung von Daten	Implementierung von Portfoliomanagement-Werkzeugen, PM-Tools für Kommunikation zwischen Konstruktion, Prüfung,

---

[4] Beispielsweise konnte Alpine Electronics mittels einer PLM-Lösung von Dassault Systèmes, die auf Tools in den Bereichen Konstruktion und unternehmensübergreifende Entwicklung fokussierte, den Arbeitsaufwand um 35% reduzieren und kürzere Produkteinführungszeiten realisieren (Dassault Systèmes, 2006).

			Werkzeugbau etc.
Unzureichendes Wissen um Verwendungs-möglichkeiten von existierenden Teilen, Designs, Technologien etc. bei Entwicklung neuer Produkte	alle Branchen	Koexistenz mehrerer Materialmanagement-systeme und Teiledatenbanken, Aufwand neuen Teil zu konstruieren ist für Konstrukteur geringer als bestehenden zu finden	Zusammenführung versch. Materialmanagement-systeme, Einführung einer Klassifizierungs-systematik für Teile, Baugruppen etc., Einführung von Konfigurations-management
Hohe Gewährleistungs-kosten	Anlagenbau, Luft- und Raumfahrt; Branchen mit kurzen Produkteinführungszeiten	Bei Überlappen von Entwicklung und Produktion → zu späte Instruktion der Produktion bei nachträglichen Änderungen; mangelnde Rückverfolgbarkeit	Einführung von Änderungsmanagement und Implementierung automatischer Benachrichtigungstools; verbesserte Nachverfolgbarkeit mittels Seriennummern und Dokumentation
Erschwerte Beschaffung (mangelnde Qualität der gelieferten Ware, hohe Preise)	Unternehmen mit Auftrags-fertigung; Automotiv, Lebensmittel-industrie,	Schwerfällige Kommunikation mit Lieferanten und Vertriebspartnern	Plattform und Tools zur unternehmens-übergreifenden Zusammenarbeit und Kommunikation
Unternehmens-zusammenschluss amortisiert sich nur langsam	alle Branchen	Fusionspartner haben unterschiedliche Prozesse und Systeme	Integration vorhandener Datenbanken und PDM-Systeme; Überarbeitung der Prozesslandschaft
Gesetzliche Forderung von	alle Branchen, insbesondere	mangelnde Querverweise;	Dokumentation des gesamten

elektronischem Nachweis in Aussicht	Pharmazie, Automotiv	unübersichtliche Dokumentation bei Entwicklungsprojekten, dezentrale Speicherung	Produktlebenszyklus auf einer integrativen Plattform
Entwickelte Produkte entsprechen nicht den Bedürfnissen des Marktes	alle Branchen	mangelnde Kommunikation zwischen Marketing und Entwicklung	Integrierte Tools zur Unterstützung von Webanalysen und Anforderungsmanagement → direkte Verlinkung von Kunden- und Marktdaten zur Entwicklung
Arbeitsschritte finden statt, „weil das immer so gemacht wurde"			

Dieser Katalog ist eine exemplarische Darstellung und kann erweitert werden. Er dient als erste Orientierung um zu beurteilen, ob sich eine PLM- oder PDM-Einführung als sinnvoll erweist.

Unternehmen, die sich ihrer Problemfelder bewusst werden, können hierauf basierend Ziele definieren, die sie mittels PDM- oder PLM-Implementierung erreichen wollen/möchten. Es handelt sich in dieser Phase in erster Linie um strategische Ziele; eine Konkretisierung bezüglich diverser Funktionen oder Optimierungsmaßnahmen findet parallel zu einer eingehenden Unternehmensanalyse statt.

Weisen Probleme auf einen Bedarf an prozess- und systemtechnischer Unterstützung hin, so ist des Weiteren zu entscheiden, ob gleich ein ganzes PLM-System eingeführt werden soll, oder ob es in der derzeitigen Unternehmenssituation ausreicht, ‚nur' ein Produktdatenmanagement-System einzuführen bzw. zu einem moderneren System zu wechseln. Abbildung 24 illustriert den Unterschied zwischen den Einsatzgebieten von PDM im Kontext des gesamten Produktlebenszyklus.

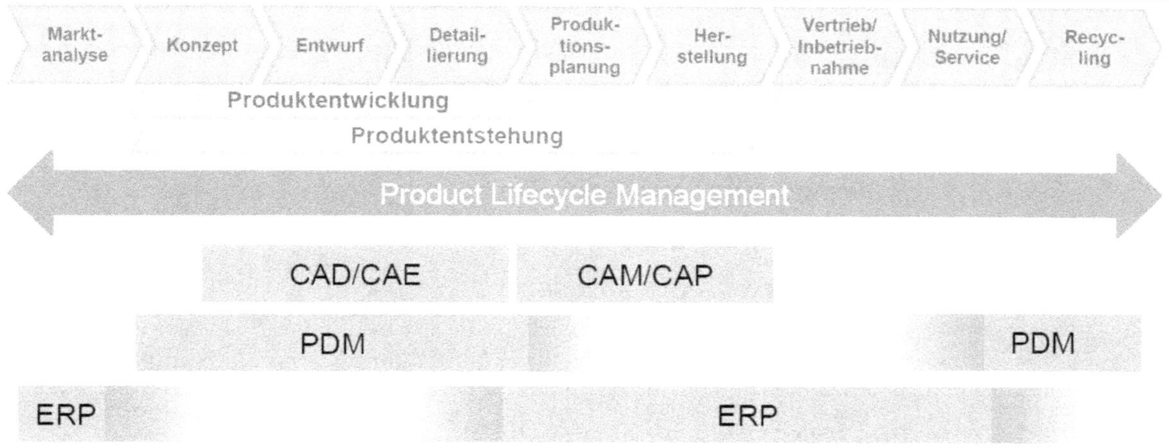

Abbildung 24 IT-Systemlandschaft im Kontext von PLM (Verein Deutscher Ingenieure, 2014, p. 6)

J. Stark betrachtet ein PDM-System als die essentielle Basis und die technologische Integrationsplattform, die PLM ermöglicht [zitiert in (Arnold, et al., 2011, p. 11)]. Alemanni hingegen betrachtet PLM als eine Erweiterung sowie als fehlendes Bindeglied:

"*PLM is an extension of PDM and represents the missing link between CAD, digital manufacturing, and simulation. PLM represents the virtual world and interfaces with the enterprise resource planning (ERP) system supporting the physical side of modern manufacturing along the supply chain*" (2011, p. 2).

Basierend auf einem Whitepaper von Dassault Système (2012) wurden in Tabelle 2 Vergleich PLM – PDM Tabelle 2 folgende Unterschiede ausgearbeitet:

Tabelle 2 Vergleich PLM – PDM

	PDM	PLM
Schwerpunkt	Verwaltung von produktdefinierenden Daten bezogen auf den Produktentwicklungsprozess.	Umgestaltung der Produktentwicklungs- und Fertigungsprozesse bezogen auf den Produktlebenszyklus. Einsatz über alle Phasen des Produktentwicklungsprozesses.
Ziel	Produktivitätssteigerung mittels verbesserter Verwaltung von Produktkonstruktionsdaten	Produktivitätssteigerung durch Prozessoptimierung und Datenverwaltung über den ganzen Produktlebenszyklus hinweg
Kosten	Im Vergleich zu PLM "kostengünstige Einstiegsmöglichkeit"	Hoch, lange Implementierungszeit, oft kostenintensive Beraterverträge notwendig
Systemverwaltung	Einfach und weniger komplex	Sehr komplex, bedingt durch die Größe und Vielzahl der Komponenten
Enabler	Erfüllt als Einzellösung die Anforderungen, hat oft rudimentäre PLM Funktionalitäten "*onboard*".	Baut auf einem PDM-System auf und erweitert es durch Applikationen Integration
Zielgruppe	–Anwendung sowohl im Bereich "*Discret*" (produzierender Industriebereich, Konsumgüter-, Auto- und Anlagenbau) und "*Non-Discret*" (Chemie, Energieversorgung) –KMUs und Großunternehmen mit hohem Engineering Anteil	Große internationale Fertigungsunternehmen und Kapitalgesellschaften, mit ausreichend Liquidität und Ressourcen
Schulungsaufwand	moderat	hoch
Installationsdauer	kurzfristig, 24 bis 48 Stunden	Monate bis Jahre (30 bis 45 Monate im Durchschnitt)

Zur leichteren Einschätzung bietet Abbildung 25 auch hier eine erste Entscheidungshilfe:

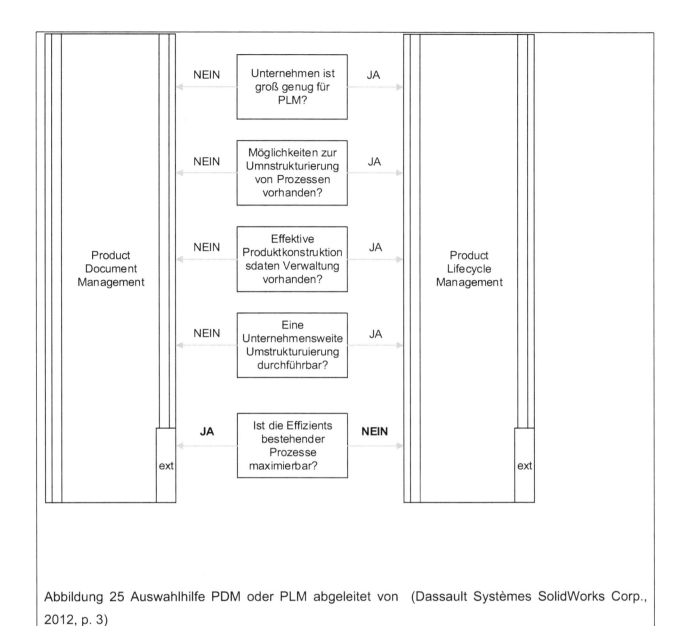

Abbildung 25 Auswahlhilfe PDM oder PLM abgeleitet von (Dassault Systèmes SolidWorks Corp., 2012, p. 3)

Ausgehend von dem Referenzmodell der VDI Richtlinie 2219, die primär für produzierende Betriebe verfasst wurde, fokussiert auch diese Arbeit auf den Phasen Konzepterstellung bis Herstellung. Hinsichtlich der Phasen Marktanalyse und Vertrieb und Service sei auf weiterführende Literatur verwiesen.

2.2 Ist-Analyse

Wurde die Entscheidung getroffen, ein PDM- oder gar ein PLM-System einzuführen, dann besteht der nächste Teilschritt der Selbstevaluierungsphase darin, derzeitige Praktiken, Ablaufprozesse, Artikelstrukturen etc. zu analysieren, und sich somit den Ist-Zustand zu vergegenwärtigen. Dies dient dazu, den aktuellen Reifegrad eines Unternehmens festzustellen und eventuell notwendige Vorbereitungsarbeiten im Vorfeld der PLM-Einführung leisten zu können: *„Jedes Unternehmen sollte seinen Engineering Bereich vor* *der späteren PLM-Implementierung organisatorisch optimieren, um die Randbedingungen und Ziele der Qualitätssicherung, Produkthaftung, verteilter Teamarbeit usw. zu erfüllen"* (Eigner & Stelzer, 2009, p. 65). Im Folgenden werden exemplarisch Themenbereiche vorgestellt, deren Analyse eine Voraussetzung für eine PLM-Implementierung darstellen.

2.2.1 Nummernsysteme

Unternehmen benötigen ein konsistentes und ausbaufähiges Nummernsystem. Es ist Grundstein einer PLM-Einführung und hat den Zweck Objekte eindeutig zu identifizieren und zusammenzufassen. Diese Objekte können Artikel, Unterlagen oder auch Projekte umfassen. Ist ein historisch gewachsenes Nummernsystem in Verwendung, so kann es aufgrund von Inkonsistenzen oder Widersprüchen (im Falle mehrerer Systeme) bei einer PLM-Einführung zu Konflikten kommen. Es wäre für den weiteren Verlauf problematisch einfach nur die Benummerung aus dem vorhandenen System zu übernehmen und in ein PLM-System zu migrieren (Eigner & Stelzer, 2009, pp. 65-66).

Prinzipiell können zwei Nummernsysteme unterschieden werden: Bei einem Verbundnummernsystem wird, wie in Abbildung 26 gezeigt, der gesamte Schlüssel zur Identifikation benötigt, der *„aus einem klassifizierenden Teil und einer laufenden Zählnummer besteht."* (Eigner & Stelzer, 2009, p. 69).

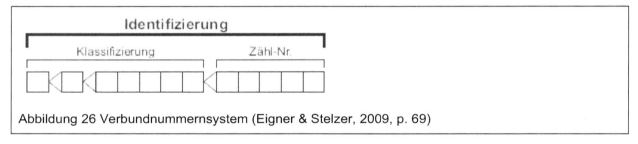

Abbildung 26 Verbundnummernsystem (Eigner & Stelzer, 2009, p. 69)

Beim Parallelnummernsystem hingegen wird zwischen einem klassifizierenden und einem identifizierenden Teil unterschieden. Zur Identifikation wird nur die Zählnummer benötigt (vgl. Abbildung 27).

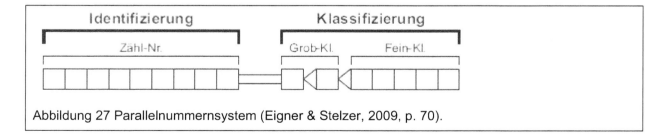

Abbildung 27 Parallelnummernsystem (Eigner & Stelzer, 2009, p. 70).

Im manuellen Gebrauch ist ein Verbundnummernsystem leichter zu handhaben, da die Klassifizierung für Mitarbeiter/innen noch ersichtlich ist. Auf Dauer erweist sich dieses aber als nicht zukunftsträchtig, da die einzelnen Nummernteile in ihrer Stellenzahl festgelegt sich und eine Erweiterung nicht möglich ist. Ab einer gewissen Anzahl an Datensätzen wird so das Nummernsystem gesprengt. Das Parallelnummernsystem hingegen (1) kommt mit einer kürzeren Identnummer aus und ermöglicht aus IT-Sicht schnellere Bearbeitungsvorgänge und (2) ist erweiterungsfähig (Feldhusen & Grote, 2014, p. F36).

Eigner et alii betrachten *„[a]ls optimale und IT-gerechte Lösung [...] nur die Parallelnummer"* (2009, p. 70). Besonders Firmen mit einer langen Unternehmensgeschichte verwenden oftmals – historisch gewachsen – Verbundnummernsysteme. Vor einer PLM-Implementierung führt dann meist kein Weg an einer Reorganisation vorbei. In einem Gespräch erklärte der Mitarbeiter des Unternehmens Hörbiger beispielsweise, dass sie ursprünglich über sprechende Zeichnungsnummern verfügten, die komplett neu mit fortlaufenden Nummern reorganisiert wurden. Vor einer PLM-Implementierung muss das betriebseigene Nummernsystem auf Erweiterungsfähigkeit überprüft werden. Existieren aufgrund einer gewachsenen Systemlandschaft parallel mehrere Nummernsysteme, so ist zu überlegen, ob hier ein Abgleich stattgefunden werden kann. *„Ist das Nummernsystem nicht auf die betrieblichen Anforderungen abgestimmt, muss es mit hohem Aufwand reorganisiert werden oder es kann nur eingeschränkt genutzt werden"* (Eigner & Stelzer, 2009, p. 69).

2.2.2 Klassifizierungssysteme

Ein weiterer Aspekt, der vor einer PLM-Implementierung untersucht werden muss, ist das Klassifizierungssystem. Dieses hat die Aufgabe *„betriebliche Gegenstände nach ihren Eigenschaften zu ordnen"* und so ihr Wiederfinden zu ermöglichen (Eigner & Stelzer, 2009, p. 71). Es *„beschreibt [...] Gegenstände [...] auf der Basis von Eigenschaftswerten"* (ibid.). Prinzipiell gilt es sämtliche ‚Dinge', für die typischerweise in einem ERP-System ein Stammdatensatz erstellt wird, zu klassifizieren. Hierbei handelt es sich üblicherweise um selbstgefertigte, lagerfähige oder extern beschaffte Erzeugnisse, Betriebsmittel etc. (Eigner & Stelzer, 2009, p. 76).

Hinsichtlich einer PLM-Einführung müssen Unternehmen sich prinzipiell überlegen, was alles sinnvollerweise klassifiziert wird (bzw. wie hoch der Detaillierungsgrad zu sein hat). Die Entscheidung über die Granularität der Klassifizierung hängt vom Aufwand und dem in Relation dazu stehendem Nutzen ab. Eine hohe Granularität wäre das Ideal. Dem stehen aber unverhältnismäßige hohe Aufwände für die Erfassung, Klassifizierung und Pflege gegenüber. (Eigner & Stelzer, 2009, p. 76)

In einem zweiten Schritt müssen Unternehmen überprüfen, ob die bislang verwendeten Kategorien ‚sauber' sind, d.h. ob sie sich gegenseitig ausschließen. Objekte müssen nach bestimmten Gesichtspunkten eingeordnet werden (Eigner & Stelzer, 2009, p. 66). Allerdings kann es – historisch bedingt – zu einer Anhäufung von sich überlappenden Kategorien kommen. So sieht sich beispielsweise das Unternehme K&N vor die Herausforderung gestellt, dass Schrauben in der Vergangenheit je nach Sachbearbeiter/in den Kategorien Verbindungselement, Metallteile und Zukaufteile zugeteilt wurden. Sehen Unternehmen sich mit einer derartigen Problematik konfrontiert, so ist das Klassifizierungssystem zu überarbeiten.

2.2.3 Produktstruktur

In einem PDM, aber auch einem PLM-System kommt der Produktstruktur eine besondere Bedeutung zu. Erzeugnisse gliedern sich in Baugruppen und Einzelteile; Einzelteile bestehen wiederum aus einem oder mehreren Materialien. Abbildung 28 zeigt eine klassische Stückliste in Form eines Strukturbaums, der einzelne Komponenten und ihre Beziehung zueinander auflistet. Im Gegensatz zu einer unstrukturierten Stückliste zeigt diese bereits lagerfähige Komponenten an. Würden die benötigte Schraube und dazugehörige Mutter nicht eigens in Form eines Schraubenkits gelagert werden, so könnte sich dieser Strukturbaum wie in Abbildung 29 gestalten.

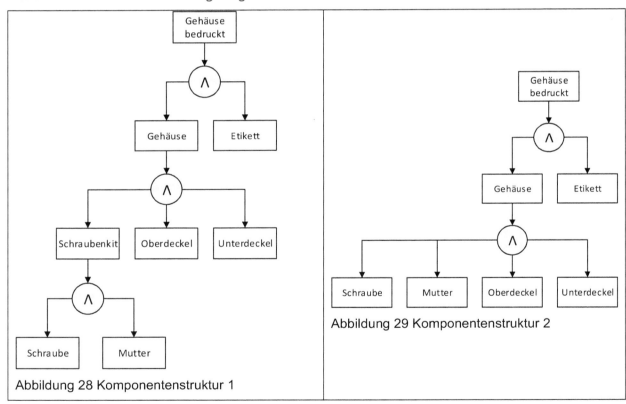

Abbildung 28 Komponentenstruktur 1

Abbildung 29 Komponentenstruktur 2

Einem Einzelteil kann allerdings ebenfalls ein anderes Einzelteil als Rohmaterial untergeordnet sein. Dies tritt beispielsweise auf, wenn ein Gehäuse mit und ohne Bohrung gefertigt wird. Zuerst wird der Gehäuseteil gespritzt und in einem möglichen weiteren Schritt werden Löcher gebohrt. Ein weiteres Beispiel wären Bedruckungen: ein Gehäuse kann unbedruckt den weiteren Verfahrensschritten zugeführt werden, oder zuvor etikettiert oder gelasert werden. Wird die bedruckte Variante auf Lager geführt, d.h. wird eine eigene Codenummer benötigt, so wäre die unbedruckte Variante das Rohmaterial für die bedruckte. Das Portfolio (mit – ohne Bohrung, mit – ohne Bedruckung) entwickelt sich allerdings erst im Laufe der Zeit. Auch ist der Bedarf an Stücklistenpositionen nicht von Anfang an geklärt. Findet eine Fließfertigung statt, so gibt es weniger Zwischenlager und somit weniger Bedarf an Zwischenprodukten, die eigens im ERP-System vermerkt werden. Zusätzlich ändern sich Fertigungsverfahren; durch Automatisierung können mehrere Fertigungsschritte zusammengefasst werden, sodass bislang lagerfähige Zwischenprodukte wieder „verschwinden". Schließlich benötigt der Vertrieb bei Produktkonfiguration Komponentenstücklisten, einer gröberen Granularität. Komponentenstücklisten sind somit einem stetigen Wandel unterzogen und ändern sich nicht nur mit der Zeit, sondern auch in Abhängigkeit von der Abteilung. Abbildung 30 illustriert, wie sich die Produktstruktur je nach Phase des Produktentstehungsprozesses ändert.

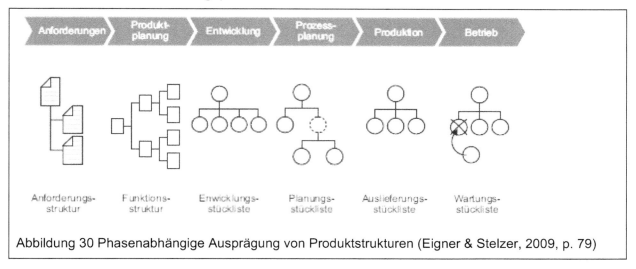

Abbildung 30 Phasenabhängige Ausprägung von Produktstrukturen (Eigner & Stelzer, 2009, p. 79)

Die Überführung der Produktstrukturen von Lebenszyklusphase zu Lebenszyklusphase stellt eine große Herausforderung dar. Bei Koexistenz mehrere IT-Systeme wie CAD-System, Produktdatenbank, ERP-System etc., die über keine gemeinsame Schnittstelle verfügen, geschieht dies durch manuelle Eingabe in die jeweilige Systemlösung. Um eine Automatisierung mittels integrativer Plattform zu ermöglichen, müssen Unternehmen zunächst analysieren, welche Unternehmenseinheit welcher Granularität der Produktstruktur bedarf.

Abbildung 31 zeigt eine mögliche Strukturierung, die die Reihenfolge des Entwicklungsverlaufes widerspiegelt: Ein neues Erzeugnis wird zunächst in seiner Strukturierung definiert, d.h. es wird in einem Grobkonzept festgelegt, aus welchen Teilkomponenten (Baugruppen wie Einzelteile) ein Erzeugnis besteht. Jedes Einzelteil bekommt eine Identifizierungsnummer (hier Codenummer) zugewiesen. Diese stellt einerseits eine Verknüpfung zum Entwicklungsprojekt dar (im Projekt wird eine

Projektstückliste angeführt), andererseits können Codenummern revisioniert werden und hier der Änderungsverlauf dokumentiert werden. Mit Vergabe einer Identifizierungsnummer wird die Anfertigung einer entsprechenden Konstruktionszeichnung in Auftrag gegeben. Gleichzeitig wird bestimmt, aus was für einem Material der Teil zu fertigen ist. Ist die Zeichnung erstellt, so werden die hierfür benötigten Werkzeuge gefertigt. Diese können in einem Toolkit zusammengefasst werden.

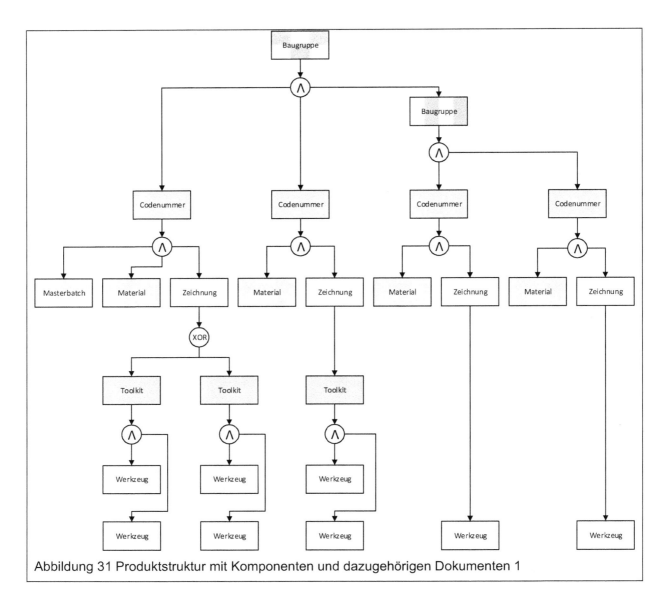

Abbildung 31 Produktstruktur mit Komponenten und dazugehörigen Dokumenten 1

Eine alternative Produktstruktur wird in Abbildung 32 gezeigt. Hier wird die Produktstruktur nicht anhand der Phasen des Entwicklungsprozesses beschlossen, sondern – ausgehend von einer Zeichnung – aufgrund von Unterscheidungsmerkmalen. Eine Konstruktionszeichnung kann Basis für Teile, die aus unterschiedlichen Materialien bestehen, darstellen. Ein Teil aus einem konkreten Material kann mit unterschiedlichen Werkzeugsystemen (z.B. an unterschiedlichen Standorten) gefertigt werden. Handelt es sich um Spritzgussteile, so können diese in mehreren Farben produziert werden.

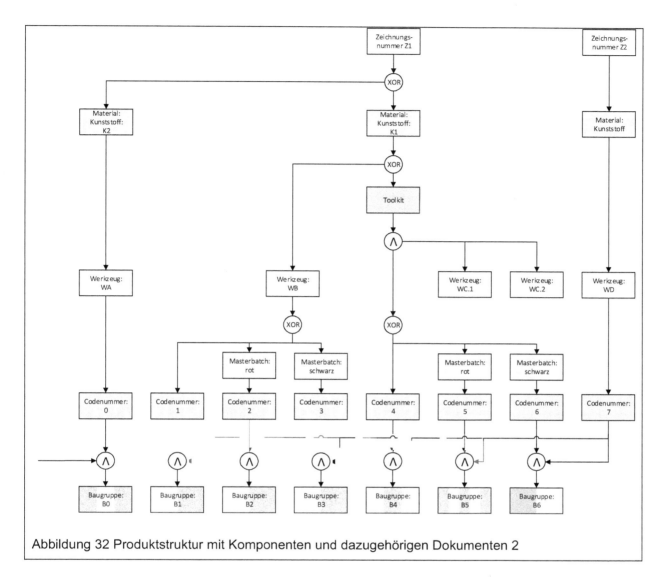

Abbildung 32 Produktstruktur mit Komponenten und dazugehörigen Dokumenten 2

Parallel hierzu können beispielsweise auch Werkzeugmodule in eine Beziehung zueinander gesetzt werden, sodass die Verwaltung dieser ermöglicht wird (siehe Abbildung 33). Abbildung 31– und Abbildung 32 verdeutlichen somit, dass mit ein und denselben Komponenten unterschiedliche Verknüpfungen möglich sind und Unternehmen dementsprechende überlegen müssen, ob die derzeitige Struktur noch zweckdienlich oder im Zuge einer PLM-Einführung überarbeitet werden muss. Wie am Beispiel Werkzeugeinsatz veranschaulicht, kann es dabei durchaus Sinn machen mehrere Strukturen parallel anzulegen.

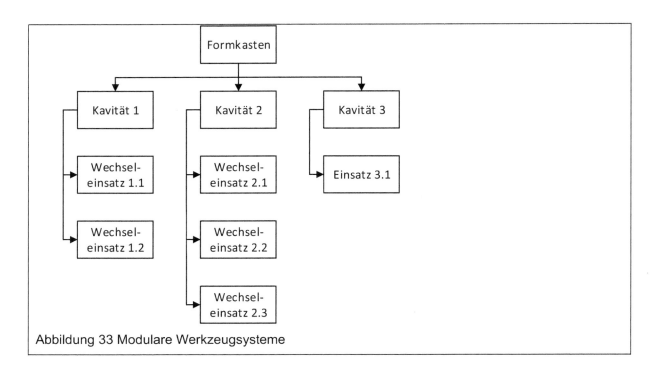

Abbildung 33 Modulare Werkzeugsysteme

Produktvarianten

Im Zusammenhang mit der Produktstruktur sind auch Produktvarianten zu beachten. Der Markt fordert immer mehr Variantenvielfalt; dies stellt auch für Produktentwicklung und Produktion eine Herausforderung dar. Um hier die Kosten für Entwicklung, Werkzeugbau etc. unter Kontrolle halten zu können, ist nach Möglichkeit ein Baukastensystem einzusetzen und bereits existierende Teile als Komponenten in neuen Produkten wieder zu verwenden. Wird der Kunde in die Konfiguration von Produkten mit eingezogen, können Risiken hinsichtlich des Absatzes von Neuentwicklungen reduziert werden.

Wir es dem Kunden offen gestellt, Produktvarianten allein oder in Zusammenarbeit mit dem Vertrieb zusammen zu stellen, so ist zwischen den Prinzipien geschlossener und offener Konfiguration zu unterscheiden. Bei der geschlossenen Konfiguration gibt das Unternehmen vor, aus welchen Varianten (z.B. Farbe) der Kunde das gewünschte Produkt zusammenstellen kann. Somit sind alle Kombinationsmöglichkeiten zumindest theoretisch bekannt. Bei der offenen Konfiguration hingegen, *„kann der Kunde im Rahmen bestimmter Regeln sein Produkt frei konfigurieren"* (Eigner & Stelzer, 2009, p. 84). Dies betrifft oft Produktabmessungen. Somit entstehen allerdings unter Umständen Kombinationen, die nicht in dieser Form vorhergesehen und in ihrer tatsächlichen Ausführung nicht voll funktionstüchtig sind. So kann, wie laut einer Mitarbeiterin des Unternehmens Benedict es dazu kommen, dass bei der Konfiguration eines mechanischen Schalters ein Schaltprogramm gewählt wird, das theoretisch in jeder Schaltergröße umsetzbar ist, praktisch aber ab einer gewissen Größe bestimmte Drehmomentwerte überschreitet und somit nicht mehr wie gefordert mit bloßer Hand geschaltet werden kann.

Als problematisch erweist sich auch, wenn das Wissen um Kombinationsmöglichkeiten primär in den Köpfen Mitarbeiter/innen vorhanden ist. Im Sinne eines *Product Lifecycle Managements* muss eine Produktstruktur geschaffen werden, die das notwendige Wissen systematisch abspeichert und Mitarbeiter hierin unterstützt. Existieren in einem Unternehmen diese oder andere Probleme hinsichtlich des Variantenmanagements, so ist im Vorfeld einer PLM-Einführung die Verwaltung dessen zu überdenken. Insbesondere lang etablierte Unternehmen führen – historisch gewachsen – jede Variante als eigenständigen Artikel mit vollständigen Stammsätzen auf. Dies ist sehr aufwendig und bedarf eines hohen Speicherplatzvorkommens. Hier bieten sich Variantenstücklisten an, bei denen Gleichteile und Variantenteile enthalten sind. Speicherplatz kann gespart und Änderungsaufwand reduziert werden (Stiller, 2015).

2.2.4 Dokumentenverwaltung

Einer der wichtigsten Aspekte in Bezug auf die Einführung eines PDM- wie auch PLM-Systems ist die Dokumentenverwaltung.

Technische Unterlagen lassen sich drei Kategorien zuordnen:

1.   Primärdokumente fassen Entwicklungsdokumente wie z.B. das 3D-Modell eines Bauteils und dessen 2D-Ableitung zusammen oder elektrische Schaltpläne.

2.   Sekundärdokumente sind sämtliche für die Fertigung eines Bauteils notwendige Unterlagen wie z.B. ein Arbeitsplan oder eine Montageanleitung.

3.   Unter Tertiärdokumenten werden jene Unterlagen verstanden, die bei der Produktnutzung unterstützen. Diese werden oftmals für den Kunden erstellt wie beispielsweise Bedienungsanleitung (Eigner & Stelzer, 2009, p. 92).

„Die Dokumente sind zusammen mit der Produktstruktur wesentliches Element einer Produktkonfiguration" (Eigner & Stelzer, 2009, p. 94). Bei der vertrieblichen Produktkonfiguration wird beispielsweise nicht nur ein Produkt zusammengestellt, es werden idealerweise auch automatisch entsprechende, modular aufbereitete technische Unterlagen mit erstellt, die in einem Angebotsdokument dem Kunden geschickt werden. Stücklistenposition (d.h. der Artikel) und Dokument stehen meist in einer m:n-Beziehung zueinander (siehe Abbildung 34). *„Dass (sic!) bedeutet ein Dokument kann mehreren Artikeln zugeordnet sein, z. B. eine Schmiervorschrift oder ein NC-Flanschbild. Ein Artikel kann natürlich auch mehrere Dokumente besitzen"* (Eigner & Stelzer, 2009, p. 94).

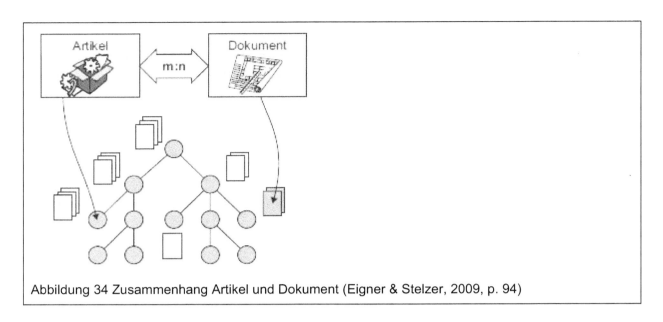

Abbildung 34 Zusammenhang Artikel und Dokument (Eigner & Stelzer, 2009, p. 94)

Tabelle 3 zeigt eine genauere Auflistung der verschiedenen Beziehungsmöglichkeiten.

Tabelle 3 Beziehungstypen zwischen Dokument und Artikel basierend auf (Eigner & Stelzer, 2009, p. 95)

Artikel		Dokument	Erklärung
1	:	1	Einem Artikel ist genau ein Dokument zuzuordnen; dieser Fall existiert i.d.R. nicht
N	:	1	Ein Dokument ist mehreren Artikeln zuzuordnen; so ist kann eine Montageanweisung für eine Produktfamilie bestimmt sein; eine Sammelzeichnung beinhaltet sämtliche Bedruckungsmöglichkeiten einer Verschlusskappe; eine Tabellenzeichnung listet alle Bolzenlängen einer Produktfamilie auf.
1	:	n	Einem Artikel sind mehrere Dokumente zugeordnet. So existieren zu einem Artikel beispielsweise ein 3D-Modell inkl. 2D-Ableitung, Prüfergebnisse, ein NC-Programm, etc.
0	:	1	Hinsichtlich einiger Dokumente gibt es keine direkte Verbindung zu Artikeln, z.B. Formulare, allgemeine Anweisungen

Vor einer PLM-Einführung müssen Unternehmen sich die Frage stellen, ob diese Verknüpfung zwischen Dokument und Artikel lückenfrei hergestellt ist, oder ob die Information, für welche Teile beispielsweise eine Schmiervorschrift gilt, primär in den Köpfen der Mitarbeiter/innen verankert ist. Problematisch ist auch, wenn beispielsweise Prüfdokumente, die in der Produktentwicklungsphase entstehen (Festigkeitsnachweis, Ergebnisse von Feuchtigkeits- und Hitzebeständigkeit etc.) unter einer Projektnummer abgespeichert sind, nicht aber mit der (möglicherweise erst später definierten) Artikelnummer verknüpft sind. Eine Grauzone stellen Normen dar. Diese werden oft nicht direkt mit einem Artikel verknüpft (0:1) (Eigner & Stelzer, 2009, p. 95). In Bereichen, wo sich sicherheits-, umwelt-, und gesundheitstechnische Auflagen allerdings regelmäßig ändern wie in den Bereichen Kunststofffertigung und Elektrik und/oder in Unternehmen, die mehrere Märkte (EU, USA, Asien) bedienen, macht es allerdings Sinn auch hier eine direkte Verknüpfung zu den betroffenen Artikeln zu erstellen. Nicht zuletzt erleichtert dies auch die Kennzeichnung von Artikeln (z.B. UL Approved).

Ist eine rasche und eindeutige Zuordnung von Dokumenten nicht möglich, so sind hier Vorbereitungsarbeiten zu leisten. Derartige Unterlagen müssen identifiziert werden und es ist zu überlegen, wie eine Anknüpfung auf systematische und effiziente Weise geschehen kann.

Des Weiteren ist in Anlehnung an Überlegungen zur Produktstruktur auch in Betracht zu ziehen, wie eine Integration von für den Entwicklungsprozess wichtigen Dokumenten in die Produktstruktur stattfinden kann. PDM-Systeme verwalten nicht nur Produktkomponenten wie Einzelteile und Baugruppen, sondern auch Werkzeuge, 3D-Modelle und 2D-Ableitungen zu diesen sowie Rohmaterialien. Existieren in einem Unternehmen mehrere PDM-Systeme, z.B. ein PDM-System, das an ein Erzeugersystem gekoppelt ist (z.B. PTC Creo und der Model Manager) und ein weiteres PDM-System, das Freigabefunktionen inne hat (z.B. eine unternehmensspezifische Lösung), so koexistieren verschiedene Produktstrukturen mit unterschiedlichen Strukturkomponenten, die es im Zuge einer PLM-Einführung zu vereinheitlichen gilt (Arnold, et al., 2011, p. 95). Abbildung 35Abbildung 36 und Abbildung 36**Fehler! Verweisquelle konnte nicht gefunden werden.** zeigen jeweils Komponentenstrukturen in einem CAD-basierten PDM-System und in einem PDM-System mit Fokus auf Freigabemanagement.

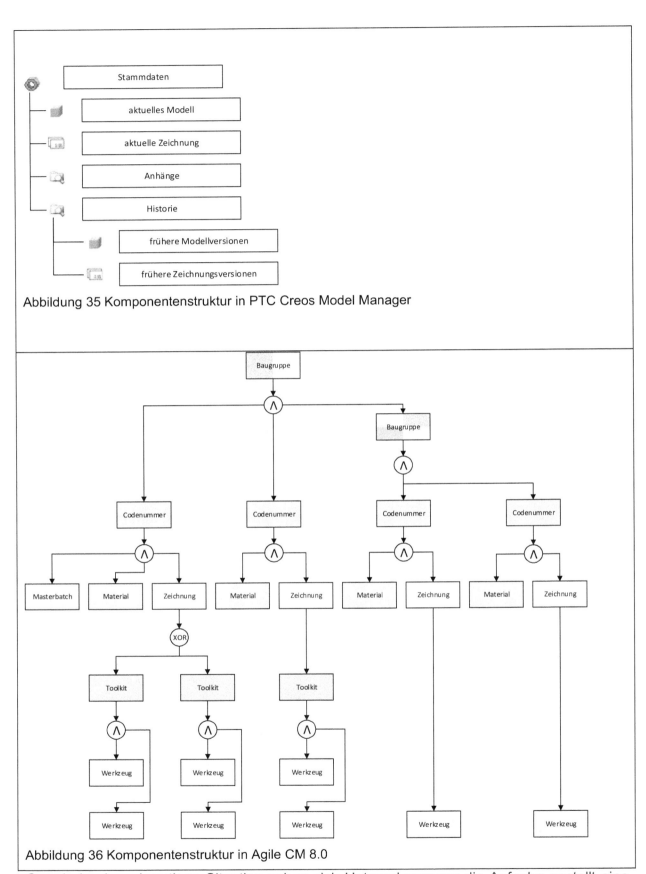

Abbildung 35 Komponentenstruktur in PTC Creos Model Manager

Abbildung 36 Komponentenstruktur in Agile CM 8.0

Gerade in einer derartigen Situation sehen sich Unternehmen vor die Aufgabe gestellt eine neue Produktstruktur zu erarbeiten, die die Funktionalität der zwei Vorgängersysteme nicht nur ersetzt, sondern optimiert.

2.2.5 Freigabe- und Änderungswesen

Im Zusammenhang mit der Dokumentenverwaltung wird auch ein funktionierendes Freigabe- und Änderungsmanagement benötigt. Im Vorfeld einer PLM-Einführung ist festzustellen, ob ein Änderungsprozess genau definiert wurde. Selbst wenn ein Unternehmen bereits über ein PDM-System verfügt, ist die noch kein Garant dafür, dass Änderungen immer demselben Ablauf entsprechend stattfinden. Folgende Probleme können sich laut Gespräch mit Fa. K&N ergeben:

- mehrere Statuszustände, die abteilungsintern und/oder – übergreifend unzureichend definiert sind und deshalb je nach Mitarbeiter unterschiedlich eingesetzt werden

- keine Reglementierung bezüglich des Umfanges einer Änderung: Findet die Freigabe von Artikel, Codenummer, Werkzeug etc. gleichzeitig in einem Änderungsauftrag statt? Werden diese sequentiell und getrennt in mehreren Änderungsaufträgen abgearbeitet? Unterschiedliche Arbeitsweisen schleichen sich insbesondere in Betrieben ein, wo mehrere Mitarbeiter/innen für einen eigenen, dafür aber größeren Projektumfang zuständig sind. Ist kein klares Prozedere definiert, entstehen Insellösungen, die vor allem bei unerwarteten Personalausfällen problematisch sein können. Auch ist es notwendig einheitliche Prozesse zu gestalten, damit systemtechnisch die PLM-Lösung entsprechende Parameter setzen kann.

Es muss auch bei Änderungen nachvollziehbar sein, ob und wenn ja inwiefern sich Änderungen an einem Teil auf andere Teile (z.B. Einfluss der Änderung der Abmessungen eines Teiles auf benachbarte Teile) oder auf das ganze Produkt (z.B. Auftreten von Kriechstrom aufgrund kürzerer Kriechstrecken) auswirken. Auch „*[o]rganisatorisch ist bei jeder Änderung zu prüfen, ob sich die Änderung auf andere Strukturstufen (→ Auflösung nach unten) und Produkte (→ Auflösung nach oben) auswirkt*" (Eigner & Stelzer, 2009, p. 105). Werden Teile in ihrer Produktion eingestellt und durch andere Teile ersetzt, so muss im Zuge des *End of Life Process* die Produktion informiert werden, ob die ‚sterbenden' Teile bei Lagerbestand aufgebraucht werden dürfen oder verschrottet werden müssen. Werden Teile geändert und darf die alte Variante bei Lagerstand noch aufgebraucht werden, so ist der Lagerhaltung zu kommunizieren, ob diese zwei Varianten getrennt oder vermischt gelagert werden dürfen. Finden derartige Benachrichtigungen unkoordiniert oder ‚auf Zuruf' statt, so ist das Änderungsmanagement zu überarbeiten, ein Prozess zu definieren, den eine PLM-Lösung dann auch technisch unterstützen und automatisieren kann.

3 Systemevaluierung

Nach der Selbstevaluierung in Kapitel 2 befasst sich Kapitel 3 mit der Evaluierung eines PLM-System-Anbieters. Das Ziel dieses Kapitels besteht darin, Kriterien für Unternehmen aufzustellen, anhand derer sie im weiteren Verlauf ein PLM-System auf dessen Eignung für das Unternehmen evaluieren können. Dazu wird analysiert, inwiefern Mitarbeiter/innen bei der Ausführung ihrer Tätigkeiten systemtechnisch unterstützt werden können. Auch sollten betriebsinterne Prozesse geprüft und gegeben falls optimiert werden. Analog zu den vorangegangenen Kapiteln werden erneut Komponenten und Kernfunktionen einer PLM-Lösung diskutiert, es wird aber nun auf Aspekte eingegangen, die systemtechnisch berücksichtigt werden müssen.

3.1 Systemintegration und Systemschnittstellen

Unternehmen, die ein PLM-System einführen wollen, besitzen in der Regel eine ,historisch gewachsene' IT-Infrastruktur, die es zu integrieren gilt. Dabei gibt es die Möglichkeit einige Systemkomponenten behalten. Zentrale Bestandteile eines Unternehmens mit Entwicklungs- und Produktionstätigkeiten sind in jedem Fall ein CAD- und ein ERP-System, meist auch ein Dokumentenverwaltungssystem, ein *Customer Relationship Management System* sowie gängige Erzeugersysteme wie MS Office. Zu Beginn einer Systemevaluierung müssen PLM-Strategen die Entscheidung treffen, welche dieser Systeme in ihrer Form weiterbestehen und welche im Zuge einer PLM-Einführung ersetzt werden sollen. Im ersten Fall würde eine Systemkopplung stattfinden, bei der Schnittstellen definiert werden. Daten werden aus dem einen System extrahiert, konvertiert und über Netzwerkstrukturen in ein zweites System transferiert, wo sie in dem geforderten Format geöffnet werden (Arnold, et al., 2011, p. 212). Eine *„komplexere Art der Kopplung stellt die sog. Applikationsintegration dar, bei der die Systeme so miteinander „verschränkt" sind, dass sie ihre Funktionen gegenseitig nutzen können"* (Arnold, et al., 2011, p. 212).Auch hier bleiben noch beide Systeme bestehen, dies ist aber nur durch die entsprechenden Systemexperten zu bewältigen.

Im zweiten Fall findet eine Integration statt, die mit einer sorgfältig vorzubereitenden Datenmigration einhergeht. Hier wird ein System aufgegeben, weil es beispielsweise veraltet ist oder nicht den erforderlichen Funktionsumfang bietet.

Im Folgenden wird exemplarisch auf Systemkomponenten eingegangen, die für die meisten Engineering Unternehmen von Bedeutung sind. Es wird anhand von Beispielen angeführt, was für Probleme sich bei einer Systemintegration bzw. bei der damit verbundenen Datenmigration ergeben können und worauf dementsprechend bei einer PLM-

Systemauswahl geachtet werden muss. Es wird betont, dass dies keine umfassende Auswahl darstellt und dass in jedem Fall die Art der Systemintegration unternehmensabhängig und somit variabel ist.

3.1.1 ERP

VDI 2219 präsentiert drei mögliche IT-Integrationsansätze für die Einführung bzw. Verwaltung von ERP-Systemen, die für PDM-Systeme gelten, aber auch auf PLM-Systeme erweitert werden können (siehe auch Abbildung 37):

1.   Es gibt keine Integration, aber eine mögliche Kopplung über Schnittstellen: *„PDM- und ERP-Umgebungen sowie [die] zugehörigen Datenmodelle"* sind getrennt und weisen somit *„häufig einen Bruch in der Informations- und Pozessdurchgängigkeit auf"* (Verein Deutscher Ingenieure, 2014, p. 11). Analog dazu kann ein PLM-System eine Schnittstelle

2.   PDM und ERP verfügen über eine gemeinsame Daten- und Prozessbasis womit die Informations- und Pozessdurchgängigkeit trotz u.U. unterschiedlichen Standorts ermöglicht wird.

3.   Bei unternehmensübergreifenden Entwicklungskooperationen, wie sie beispielsweise im Automotivbereich praktiziert werden, treffen oft Unternehmen mitunterschiedlicher System- und Prozesslandschaft aufeinander. Hier ist es, nicht zuletzt aus Kostengründen, sehr schwer, sich auf ein bestimmtes ERP bzw. PDM-System zu einigen. Der dritte IT-Integrationsansatz basiert auf einer *„durchgängige[n] Integrationsplattform mit zentraler Datenbasis und Prozesslogik"*, bei der die Daten sämtlicher PDM- und ERP-Systeme *„redundant hinterlegt oder verknüpft/referenziert"* werden (Verein Deutscher Ingenieure, 2014, p. 12).

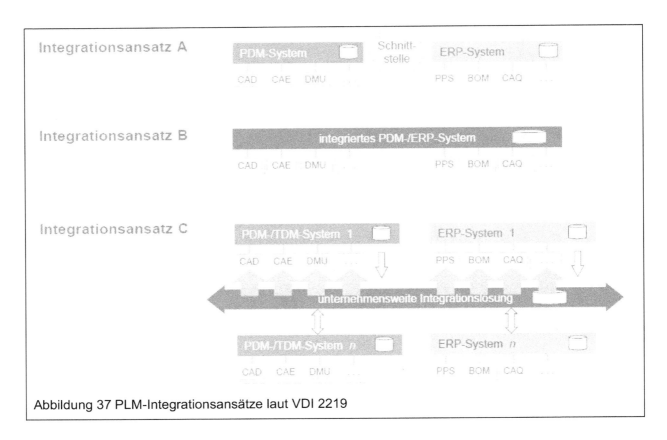

Abbildung 37 PLM-Integrationsansätze laut VDI 2219

Saaksvuori und Immonen weisen hier allerdings darauf hin, dass PLM-Systeme selten bzw. nur wenige ERP-Funktionen beinhalten (Saaksvuori & Immonen, 2008, p. 53). Auch bei den im *Top 10 Product Lifecycle Management Software Report* angeführten PLM-Systemen werden keine ERP-Funktionen angeführt (Business-Software, 2016). Daraus ist zu schließen, dass Integrationsansatz B eher die Ausnahme darstellt. Dies ist von Bedeutung, da im Falle von Integrationsansatz A wie C zu klären ist, welches System die *„ownership oft the information"* besitzt, d.h. in welchem System Daten gepflegt und geändert werden dürfen (Saaksvuori & Immonen, 2008, p. 53).

3.1.2 PDM- und Autorensysteme

In der Phase der Systemevaluierung werden gewisse Punkte, die bereits in Kapitel 2.2 andiskutiert wurden, nochmals aus systemspezifischer Sicht betrachtet.

Produktstruktur

Wie bereits in Kapitel 2.2.3 erläutert, kommt der Produktstruktur in einem PLM-System eine zentrale Rolle zu. Anforderungen an systemtechnische Unterstützung seitens einer PLM-Lösung sind eine sinnvolle Darstellung von BOM (*Bill of Materials*, Stückliste), Verwendung in übergeordneten Baugruppen und Änderungshistorie. Hinsichtlich der Darstellung gibt es mehrere Möglichkeiten, die sich vor allem auf die Anwenderfreundlichkeit (*usability*) auswirken. Klassische Listendarstellungen *„können nur sehr eingeschränkten Komfort* *bieten"*, als übersichtlichere Darstellungsweise hat sich die Browserdarstellung in Anlehnung an den Windows-Explorer etabliert (Eigner & Stelzer, 2009, p. 127). Diese ist sehr häufig, so beispielsweise im System Agile CM 8.0 (siehe Abbildung 38).

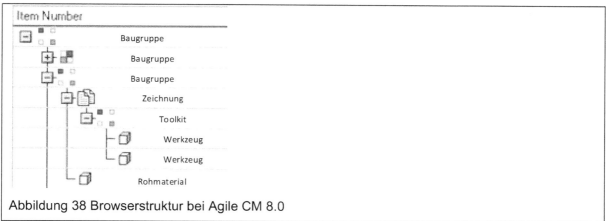

Abbildung 38 Browserstruktur bei Agile CM 8.0

Diese Darstellungsweise ist allerdings *„für die Wiedergabe von Produktstrukturen eigentlich nicht besonders gut geeignet"* da die Abhängigkeiten der Komponenten untereinander netzartig sind (Eigner & Stelzer, 2009, p. 127). Abbildung 39 verdeutlicht die Komplexität des Sachverhaltes:

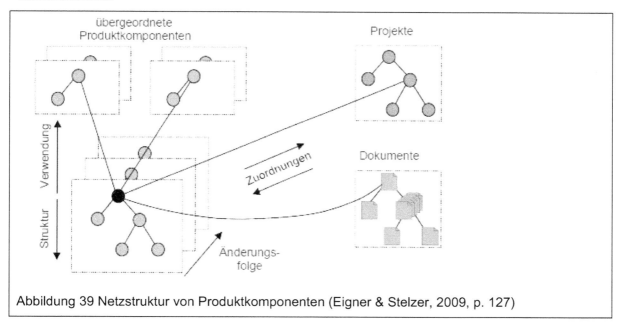

Abbildung 39 Netzstruktur von Produktkomponenten (Eigner & Stelzer, 2009, p. 127)

Produktkomponenten schlüsseln sich in weitere Einzelteile auf, sind ihrerseits aber gleichzeitig Komponenten von übergeordneten Baugruppen. Jede Stücklistenposition (Einzelteil oder Baugruppe) steht in Verbindung zu Dokumenten wie 3D-Modell, Prüfergebnisse, Spezifikation etc. Einzelteile wie Baugruppen werden in Projekten entwickelt und verändert; relevante Dokumente können sowohl mit dem Artikel verknüpft, als auch beim Projekt abgelegt werden. Zusätzlich gibt es eine zeitliche Ebene, auf der sich Teile und Strukturen ändern können. So kann ein Gehäuse z.B. geändert werden, indem eine Kante verrundet wird; es kann aber auch ein Gehäuse aus einer Stückliste ganz entfernt und durch ein neues Gehäuse ersetzt werden. Es gilt einerseits dieser netzartigen Beziehungen darstellungstechnisch gerecht zu werden. Viele PLM-Lösungen bedienen sich mehrerer Formulare, um Daten über einzelne Objekte (z.B. Stammdaten), aber auch Zusammenstellungen weiterer Zusatzdokumente anzuzeigen (Eigner & Stelzer, 2009, pp. 127-128). Hier ist unter Einbeziehung der Endanwender/innen (Mitarbeiter/innen) zu überprüfen, ob die betrachtete PLM-Lösung hinsichtlich ihrer Darstellungsmöglichkeiten diese in ihren Tätigkeiten unterstützt.

In Kapitel 2.2.3 wurde darauf aufmerksam gemacht, dass parallel mehrere Strukturen koexistieren können. Beispielsweise ist im Kontext der Produktion vorrangig die Beziehung eines Werkzeuges zu dem zu fertigen Teil festzulegen. Zusätzlich ist es jedoch auch von Bedeutung festzuhalten, welchem Werkzeugsystem[5] ein konkretes Werkzeug zuzuordnen ist. Dieses Wissen ist oft in Form des gemeinsamen Lagerortes gespeichert – so werden beispielsweise alle Einsätze und der zugehörige Formkasten zusammen in einer Kiste aufbewahrt. Bei Vorhandensein eines PDM-Systems ist dieses aber auch u.U. in Form von textueller Beschreibung hinterlegt. Bei Implementierung eines PLM-Systems oder bei Überführung der Daten in ein neues PDM-System ist darauf zu achten, dass derart textuell hinterlegte Daten, die eigentlich eine Komponentenstruktur beschreiben, eben auch in Form einer Komponentenstruktur im neuen System angelegt werden (siehe Abbildung 40). Hier wären die Serviceleistungen der verschiedenen Systemanbieter hinsichtlich der Datenmigration zu vergleichen.

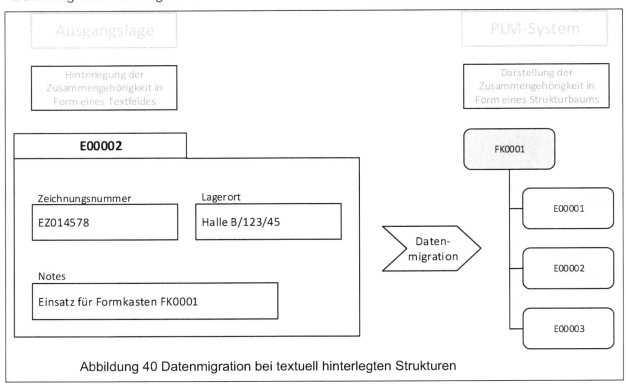

Abbildung 40 Datenmigration bei textuell hinterlegten Strukturen

---

[5] z.B. Formkasten und sämtliche zugehörige Einsätze oder eine Werkzeugmaschine und das dazugehörige Magazin

Bei einer Systemevaluierung ist zu beachten, dass unterschiedliche Produktstrukturobjekte wie CAD-Modelle, Simulationsergebnisse etc. als Produktstrukturposition angehängt und geöffnet werden können. Unternehmen müssen definieren, in welchen Formaten die einzelnen Zusatzobjekte operieren und was für Schnittstellen ein PLM-System bereitstellen muss. Des Weiteren müssen basierend auf der ausgearbeiteten Produkt- und Komponentenstruktur unterschiedliche Stücklisten generiert werden können, die verschiedenen Unternehmensbereichen zugutekommen und alle Entwicklungsphasen darstellen.

In zweiter Hinsicht stellt auch die Darstellung der Änderungshistorie von Produktstrukturen eine Herausforderung dar. Auch hier biete K&N ein Beispiel: Zwar werden Änderungen ‚nach unten', d.h. z.B. Änderungen an untergeordneten Teilen verzeichnet. Insbesondere beim Ersetzen einer Komponente durch eine andere ist allerdings bei manchen Systemlösungen retrospektive der Verwendungsnachweis nicht mehr möglich. Hier muss ein PLM-System gewählt werden, das nach Auflösung einer Produktstruktur ein Erinnerungsvermögen darüber hat, in welchen Baugruppen der betroffene Teil enthalten war und durch welchen dieser ersetzt wurde.

Dokumentenmanagement

PLM-Systeme sehen sich vor die Herausforderung gestellt mit immer mehr Autorensystemen gekoppelt zu werden. Dies resultiert in einer beachtlichen und stets wachsenden Anzahl an Dokumenten, die es zu verwalten gilt. *„Mehrere 100.000 Dokumente, oft auch über 1.000.000 Dokumente sind da keine Seltenheit"* (Eigner & Stelzer, 2009, p. 136). Die unterschiedlichen Autorensysteme bedingen ferner unterschiedliche Metadaten zu ihrer Beschreibung, die ebenfalls verwaltet werden müssen. Eine Möglichkeit dies zu tun besteht darin, für Metadaten eigene Ordnungsbereiche, sogenannte Dokumenttypen einzurichten. Eine Möglichkeit besteht darin diese Gliederung nach dem sie erzeugenden Autorensystem vorzunehmen. Beispiele hierfür wären PTC Creo-Zeichnungen, Excel-Tabellen oder Word-Dokumente. Dies kann aber den Zugriff auf ein konkretes Dokument erschweren, da beispielsweise Tabellen heute nicht nur mit Excel, sondern auch mit Word, mit One-Note, einem Graphikprogramm oder sogar einem CAD-Programm[6] erstellt werden können. *„Sinnvoller ist die Gliederung nach funktionellen Aspekten, wie*

- *Modelle,*
- *Zeichnungen,*
- *NC-Programme,*
- *Code"* (Eigner & Stelzer, 2009, p. 136).

---

[6] Bei Übersichtszeichnungen werden beispielsweise verschiedene Größen oft tabellarisch angegeben.

Vor einer PLM-Implementierung erweist es sich für Unternehmen als sinnvoll, ob die betrachteten PLM-Lösungen die Definition beliebig vieler Dokumententypen erlauben, oder ob es hier Einschränkungen gibt.

Einen weiteren Aspekt, der insbesondere für ältere Unternehmen von Bedeutung ist, stellt die die Verwaltung und Archivierung von nicht-elektronischen Dokumenten dar. Hierbei handelt es sich beispielsweise um alte Zeichnungsbestände, aber auch um mit der Post eingehende Dokumente wie Rechnungen. Diese stellen eine Herausforderung dar, weil im Kontext eines PDM- und damit auch eines PLM-Systems idealerweise alle Dokumente via Systemzugriff zur Verfügung stehen. Unternehmen müssen sich hier die grundsätzliche Frage stellen, ob sie diesen Anspruch stellen, oder ob eine konventionelle Archivierung weiterhin geplant ist. Dies ist insbesondere dann von Bedeutung, wenn mehrere Standorte existieren oder unternehmensübergreifend an Projekten gearbeitet wird. Abbildung 41 zeigt eine mögliche Verwaltung von nicht-elektronischen Dokumenten unter Beibehaltung eines konventionellen Archivs.

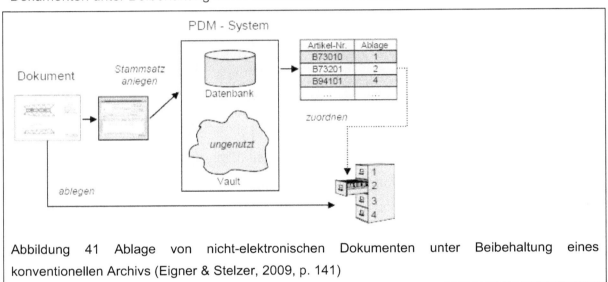

Abbildung 41 Ablage von nicht-elektronischen Dokumenten unter Beibehaltung eines konventionellen Archivs (Eigner & Stelzer, 2009, p. 141)

Trifft ein Dokument postalisch ein oder existieren aus anderen Gründen Dokumente in Papierform, so wird hierzu im PDM-System ein Stammsatz angelegt, wo u.a. der Ablageplatz vermerkt wird. Papierdokumente können somit verwaltet und sogar revisioniert werden, die Beschaffung bzw. Einsichtnahme kostet allerdings Zeit und ist bereits dann mit Aufwand verbunden, wenn diese außerhalb der eigenen Büroräumlichkeiten stattfindet (Eigner & Stelzer, 2009, p. 141).

Sollen in Papierform erstellte Dokumente direkt am Bildschirm aufgerufen werden, so müssen diese mittels Scanner eingelesen werden. Dies ist ein langwieriger wie mühsamer Prozess. Insbesondere bei technischen Zeichnungen finden sich oft Sonderformate, die über A1 hinausgehen und dementsprechend nach Scannern verlangen, die sich nicht immer in einem Betrieb finden. Erleichtert wird diese Aufgabe, wenn Altbestände bereits auf einem Mikrofilm oder sogar auf Lochkarten abgespeichert wurden. Hier kann der Scanvorgang automatisiert werden; die auf Lochkarten oftmals vorhandenen Stamminformationen sind ebenfalls maschinell einlesbar. Wird im Zuge einer PLM-Einführung ein neues PDM-System gewählt, so ist zu überprüfen, ob dieses eine Urladefunktion enthält, die die Automatisierung des Scanvorganges unterstützt und eingelesene Daten zwecks Fehlerminimierung beispielsweise gegen Daten des ERP-Systems prüft (Eigner & Stelzer, 2009, p. 144).

Abbildung 42 zeigt eine integrative Lösung, bei der auf ein herkömmliches Archiv verzichtet wird und sämtliche Bestände digitalisiert werden. Sowohl CAD-Zeichnungen als auch die eingescannten Zeichnungen werden in ein einheitliches Format konvertiert – bevorzugter Weise in das TIFF-Format. Das auf Rastergrafik basierende *Tagged Image File*-Format „bietet bei großformatigen Zeichnungen Qualitätsvorteile" (Scheer, et al., 2005, p. 73). Als neutrales Format wird es vor allem für langfristige Archivierung empfohlen[7], da

- es im Vergleich zu anderen Formaten wie PDF laut Prognosen länger verfügbar sein wird
- sowohl eine große Zahl von Software als auch Hardware (Scanner und Drucker) hiermit kompatibel sind
- der Speicherplatzbedarf relativ gering ausfällt (Eigner & Stelzer, 2009, p. 145).

Durch die Verwendung eines neutralen Formats wird gewährleistet, dass Anwender unabhängig von einem Erzeuger-System auf diese Unterlagen zugreifen können. Hinsichtlich der Auswahl eines PLM-Systems muss darauf geachtet werden, dass der Konvertierungsvorgang verlässlich abläuft, d.h. das beispielsweise der richtige Rahmen geladen wird, alle Zeichnungslayer und die Stammdaten korrekt erfasst werden (Eigner & Stelzer, 2009, p. 145).

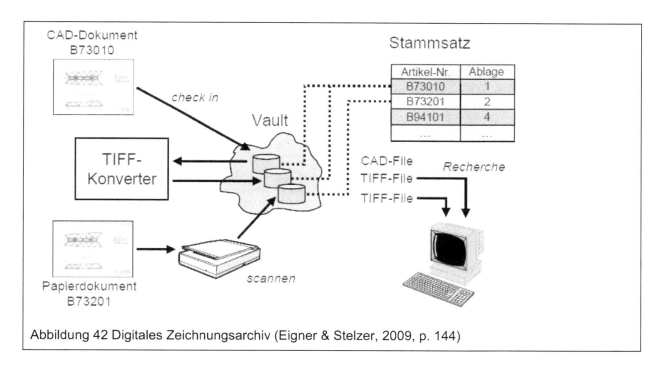

Abbildung 42 Digitales Zeichnungsarchiv (Eigner & Stelzer, 2009, p. 144)

Unternehmen mit CAD-Autorensystem und parallel dazu eingescannten „Altbeständen" haben unter Umständen drei verschiedene Verwaltungssysteme: zum einen kann das CAD-System von

---

[7] Es bleibt zu beachten, dass bei Textdokumenten PDF das präferierte Archivierungsformat ist (Eigner & Stelzer, 2009, p. 145).

einem PDM-System des jeweiligen Autorenunternehmens begleitet werden, so z.B. PTC Creo von dem sogenannten Model Manager. Zum anderen existiert möglicherweise ein PDM-System zur allgemeinen Dokumentenverwaltung mit Freigabe- und Änderungsmanagementfunktionen. Schließlich sind eingescannte Zeichnungen auf einem lokalen oder zentralen Speicherort abgelegt. Ist dies der Fall, so muss bei einer PLM-Systemauswahl die Integration von Dokumenten aus drei verschiedenen Orten, die in unterschiedlichen Formaten abgespeichert werden und im schlimmsten Fall nicht nur über redundante sondern auch widersprüchliche Inhalte [8] verfügen, ermöglicht werden.

3.1.3 Team Data Management Systeme

Ein Team Data Management Systeme kann als virtuelle Datenablage bzw. virtueller Raum verstanden werden. Die gängigste Art von TDM Systemen wird zwischen dem PLM Backbone und einem Autorensystem (CAD) System geschaltet.

Eigner nennt wie in Abbildung 43 dargestellt drei Arten der Aufgaben / Funktionsverteilung.

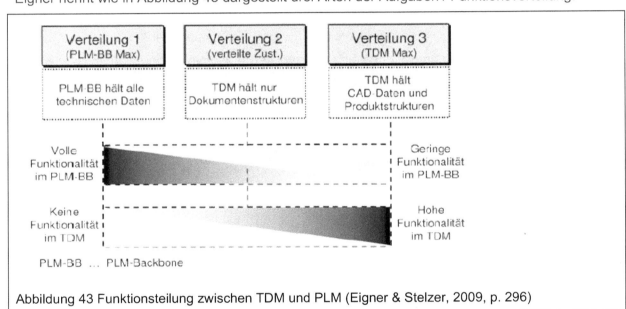

Abbildung 43 Funktionsteilung zwischen TDM und PLM (Eigner & Stelzer, 2009, p. 296)

Laut Eigner und Stelzer ist Verteilung 2 die geläufigste Variante. Die Daten werden dem PLM-Backbone entnommen und vollständig vom TDM für die Dauer der Bearbeitung verwaltet.

Nach Abschluss der Bearbeitung übergibt das TDM die Daten wieder an den PLM-Backbone.

Der PLM-Backbone regelt in dieser Variante den Datenaustausch so wie die Zugriffs- und Benutzerrechte. Besonders bei der Arbeit mit mehreren CAD Systemen ist dieser Modus wichtig da sonst inkonsistente Daten entstehen können. Verteilung 1 und 3 beschreiben das jeweils andere Ende eines Extrems: Verteilung 1 enthält keine TDM Funktionen die Systeme

---

[8] z.B. bei Stamm- oder Beziehungsdaten

kommunizieren direkt. Verteilung 3 hat einen hohen Funktionsumfang, kommt aber nur in Frage wenn keine komplexen Funktionen wie Versionierung oder Datenverteilung notwendig sind (Eigner & Stelzer, 2009, pp. 296-297).

Tabelle 4 führt die Vor und Nachteile auf:

Tabelle 4 Vor und Nachteile TDM Systeme (Martin Eigner, 2008, p. 295)

Vorteile	Nachteile
Schnelle Verfügbarkeit der Lösung (z.B. nach CAD Systemwechsel)	Schnittstellen zu anderen Systemen sind von keinem hohen Qualität
Bessere Integration und bessere Performance, mehr Funktionsumfang da oft vom selben Anbieter	Kein direkter Zugriff auf CAD-Files, hierzu ist eine zusätzliche CAD Kopplung notwendig
Bessere Kommunikation mit den Verwaltungssystemen	Datenmodell ist nur sehr simpel, Erweiterung oft nicht möglich
Sehr gut für die Verwendung von unterschiedlichen CAD Systemen geeignet.	Funktionsumfang oft nicht anpassbar

Engineering Collaboration

Ein Unternehmen mit Entwicklungsanteil hat in den seltensten Fällen die gesamte Wertschöpfungskette bei sich im Haus. In dem Bestreben wettbewerbsfähig zu bleiben sehen gerade KMUs die Notwendigkeit sich zu spezialisieren und unter Umständen nicht einmal ein eigenständiges, d.h. für den Enduser nutzbares Produkt, sondern eine Komponente zu einem Produkt zu erzeugen (Fieten, 1991, pp. 17-18). Dies trifft vor allem, aber nicht nur für den Automotivbereich zu und verlangt nach einer unternehmensübergreifenden Zusammenarbeit, die auf den verschiedensten Ebenen koordiniert werden muss. So gilt es Projekte, Produkte und Prozesse teilweise über Ländergrenzen hinweg aufeinander abzustimmen, um die Produkteinführungszeit zu verkürzen (Wendenburg, 2014, p. 32). Die Einführung eines PLM-Systems stellt hier in mehrfacher Hinsicht eine große Herausforderung dar: zum einen muss die Kompatibilität zahlreicher Autorensysteme gewährleistet sein. In der Vergangenheit konnte bereits ein Generationenwechsel eines Erzeugersystems Projekte gefährden, wenn nicht alle Beteiligten über dieselbe Version verfügten. Dies musste u.a. das Unternehmen Airbus bei der Entwicklung und Produktion seiner A380 feststellen als die Entwicklungsabteilunge Hamburg CATIA V4 in Verwendung hatte, Toulouse aber bereits auf CATIA V5 umgestiegen war und beide zeitgleich an denselben Daten arbeiteten. Der Generationensprung sorgte für eine Inkompatibilität, die darin resultierte, dass Teile nicht passten und die Produktion verzögert wurde (Metzner & Wintzenburg, 2006).

Neben der Schwierigkeit unterschiedliche Erzeugersysteme aufeinander abzustimmen, stellt aber auch der Austausch von Entwicklungsdaten über das Medium Internet ein ernst zu nehmendes Risiko für unternehmensübergreifende Zusammenarbeit dar. Eine Studie des Fraunhofer Instituts für Produktionsanlagen und Konstruktionstechnik aus dem Jahr 2011/12 ergab, dass „[d]ie Verwendung von E-Mail zum Austausch von Produktdaten (insbesondere auch CAD-Daten) [...] erschreckend hoch" ist (Fraunhofer IPK, 2013). Dabei ist Email nicht nur ein „Viren-Einschleusetor" (Ehmann, 2015), es handelt sich hierbei auch um ein Informationsleck: „Selbst bei Verschlüsselungsmechanismen ist der E-Mail-Versand unsicher, weil schützenswerte Informationen in angehängten Dateien stecken – und gerade die werden eben nicht mit verschlüsselt" (Wendenburg, 2014, p. 32). Hinsichtlich des Austausches von CAD-Daten stellen auch Cloudlösungen kein attraktives Medium dar, weil mit jeder Änderung 3D-Modell und Zeichnung wieder in das jeweilige Erzeugersystem eigens eingepflegt werden muss (ibid). Ansprüche an eine PLM-Lösung, die diese Probleme umschifft, sind hoch, jedoch müssen Unternehmen auch hier Einiges beachten.

Grundsätzlich werden zwei Anforderungen an PLM-Lösungen gestellt: zum einen muss „die Verfügbarkeit konsistenter Daten für alle Beteiligten" gewährleistet werden (Eigner & Stelzer, 2009, p. 182). Das heißt beispielsweise, dass CAD-Daten ohne Konvertierungsverluste etc. von verschiedenen Standorten aus eingesehen und bearbeitet werden können. Es gilt aber nicht nur den Austausch von Produktdaten zu vereinfachen, sondern auch die Zusammenarbeit von voneinander entfernt arbeitenden Teams auch prozesstechnisch zu unterstützen. So muss geregelt werden, wer welche Berechtigungen besitzt, es muss verhindert werden, dass mehrere Parteien gleichzeitig an demselben Dokument arbeitet und es Versionskonflikte gibt und die Kommunikation muss allgemein mit Benachrichtigungstools möglichst automatisiert und natürlich sicher geschehen (Eigner & Stelzer, 2009, p. 183).

3.2 Publishing und Webpräsenz

In den Ausführungen über Dokumentenverwaltung war bisher von jenen Unterlagen die Rede, die für die Entwicklung oder Änderung eines Produktes von Bedeutung waren. Im Zuge einer PLM-Einführung empfiehlt es sich aber auch sogenannte tertiäre Dokumente mit einzubeziehen. Darunter werden Unterlagen verstanden, „die dem Verständnis oder der Bedienbarkeit des Produktes dienen" (Eigner & Stelzer, 2009, p. 177). Es handelt sich hierbei um Kataloge, aber auch um Montage- und Bedienanleitungen. Die Erstellung derartiger Unterlagen stellt hinsichtlich der Zeit eine eigene Herausforderung dar. Zum einen stehen die hierfür relevanten Informationen erst zu einem sehr späten Zeitpunkt, in der Regel nach Beendigung der Produktionsplanung zur Verfügung. Zum anderen müssen sie allerdings zum Zeitpunkt der Auslieferung fertig gestellt sein. PLM-Systeme können hier einen großen Beitrag leisten, da die Basis für derartige Unterlagen bereits im System hinterlegt ist. 3D-Modelle beispielsweise dienen sowohl illustrativ der Gestaltung von Katalogen als auch informativ der Zusammenstellung von Montageanleitungen. So werden bereits in der Entwicklungsphase technische Dokumente zusammengestellt, die teilweise direkt herangezogen werden können. Dank der Kopplung mit dem ERP-System ist im PLM auch sofort eine Zuweisung der erzeugten Dokumente zu dem jeweiligen Auftrag möglich. Bei der Auswahl eines PLM-Systems ist zu beachten, dass eine Kopplung mit für die Dokumentationserstellung erforderlichen Werkzeugen ermöglicht wird und dass die so erzeugten Unterlagen wieder im PLM-System selbst abgelegt werden können (Eigner & Stelzer, 2009, pp. 177-178, 181).PLM kann aber auch hinsichtlich der Gestaltung der Webpräsenz unterstützen. So können vereinfachte 3D-Modelle, die auf einer Unternehmenswebsite zur Verfügung gestellt werden, von Kunden genutzt werden, um beispielsweise Einbaumöglichkeiten zu überprüfen. Änderungen an Produkten oder gar Eliminierung von Produkten können in Echtzeit vermittelt werden.

3.3 Lieferantenevaluierung

„Maintaining a PLM system and measuring value is an ongoing activity not an event" (Porter, 2012, p. 564).

Vor der Auswahl sollte nochmal betont werden, dass es nicht darum geht einfach eine Software zu installieren und das Unternehmen auf bestehende Schwachstellen in der Struktur hinzuweisen.

Der Lieferant sollte in der Lage sein das Unternehmen bei der Schaffung einer PLM Infrastruktur zu unterstützten und den Kunden helfen in der Lage zu sein seinen Prozesse und Produkte konstant zu evaluieren und zu verbessern (Porter, 2012, pp. 546-570).

3.3.1 Implementierung

Bei der Auswahl ist darauf zu achten ob der Lieferant in der Lage ist das PLM System auf die Anforderungen des Kunden anzupassen. Oft werden nur Standardlösungen angeboten die aber mit der Realität und der Komplexität eines PLM Systems nicht vereinbar sind (Porter, 2012, pp. 546-570).

Verfügt der Lieferant über eine eigene Entwicklungsabteilung oder greift er auf Drittfirmen zurück.

Hier muss in Zusammenarbeit mit dem Lieferanten und dem Unternehmen geklärt werden ob eine Modifizierung der Software nötig ist oder eine *„Customization"* ausreichend ist.

Es wird empfohlen bei der Auswahl Lieferanten jenen den Vorzug zu geben welche die Implementierung selber durchführen um etwaige Probleme mit Drittpartnern zu vermeiden (Brown, 2015).

3.3.2 Support

Es ist zu evaluieren ob der Lieferant für alle Bereiche der PLM Lösung Support anbietet.

Falls möglich sollte es vermieden werden den Support für ein PLM System zu fragmentieren.

Brown empfiehlt schon bei der Evaluierung klar zu stellen wer für den Support zuständig ist und wie der Scope der Hilfe aussehen wird (Brown, 2015).

Es muss auch geklärt werden, wer bei einer Auflösung der Partnerschaft über die Daten verfügen wird und wie der Support nach Abschluss des Projektes aussieht. (Schiff, 2013)

Abstand sollte man von Lieferanten halten, die schwer zu erreichen sind oder auf Fragen von Kunden nicht oder sehr sporadisch eingehen (Brown, 2015).

3.3.3 Sonstige Kriterien und Anforderungen

"The best approach to understanding the fit of your vendor with these special considerations is to ask for references similar to your company" (Brown, 2015).

Hat der Lieferant Referenzen anderer Kunden und wie ist das Feedback dieser zum Lieferanten. Auch ist die Unternehmensgeschichte des Lieferanten ein Faktor welcher berücksichtigt werden muss.

Wie lange gibt es das Unternehmen, wer sind seine Kunden und wo liegen die Stärken des Lieferanten das wären zum Beispiel eine Entwicklungsabteilung, ob eine Goldpartnerschaft mit einem Hersteller besteht und über welche Zertifizierungen der Lieferant verfügt (Schiff, 2013).

Conclusio und Ausblick

Diese Arbeit hatte es sich zum Ziel gesetzt, basierend auf Modellen aus Wissenschaft, Lehre und Industrie, ein Vorgehensmodell zur Evaluierung von PLM-Systemen zu entwickeln. Das Ergebnis entstand aus einer Synthese von

- der VDI 2219,

- den Maturity-Modellen nach Batenburg sowie

- dem PLM-Manifest nach Arnold.

Dieses ganzheitliche Modell befasst sich mit dem Prozess der Evaluierung im Kontext der PLM-Implementierung. Es wurde hierbei argumentiert, dass sich eine PLM-Evaluierung über den gesamten Implementierungsprozess erstreckt, wobei zwischen den Phasen der Selbstevaluierung und der Systemevaluierung unterschieden wurde. In der Phase der Selbstevaluierung gilt es (nach einer Definition strategischer Ziele) zu überprüfen,

1. ob grundsätzlich ein Bedarf an PDM bzw. PLM herrscht und

2. welche (Art von) Vorbereitungen organisatorischer, prozesstechnischer und struktureller Natur zu treffen sind, um ein derartiges System nutzbringend einführen zu können.

Es wurde hier der Ansatz vertreten, dass die Einführung eines PLM-Systems nur dann zielführend ist, wenn diesem eine Ablaufoptimierung, teilweise sogar -neugestaltung vorangeht. Mit der zweitgenannten Phase wurde eine Vorgehensweise der Systemevaluierung vorgeschlagen, bei der – wieder ausgehend von einer strategischen Zieldefinition – zunächst Kriterien hinsichtlich

- IT-Architektur und Schnittstellenproblematik,

- Serviceleistungen bei der Datenmigration und

- zusätzlichen Systemfunktionen

erarbeitet wurden.

Gegen diese Kriterien sind dann die in der engeren Auswahl stehenden Systemanbieter zu testen, wobei die erarbeiteten Punkte auch gleich eine Basis für das Pflichtenheft darstellen.

Beide Phasen wurden mit Beispielen aus Unternehmen aus dem produzierenden Bereich mit hohem Engineering-Anteil erläutert. Im Zuge dieser Ausführungen wurden Problemfelder identifiziert, die auch für andere Unternehmen potentielle Gefahrenquellen darstellen und auf die es deswegen bei einer Evaluierung besonders zu achten gilt.

Die Grenzen dieser Arbeit bestehen darin, dass aufgrund des beschränkten Rahmens das hypothetisch erstellte Vorgehensmodell nicht auf Aussagekraft und Repräsentativität getestet werden konnte. Dies würde sich als Untersuchungsgegenstand einer weiteren Arbeit eignen.

Abschließend ist zu sagen, dass zukünftig auch eine Modellerweiterung in Betracht gezogen werden kann, bei der beispielsweise die Anwenderfreundlichkeit im Regelbetrieb beurteilt wird. So wäre nach der Systemimplementierung eine zweite Phase der Systemevaluierung zu erwägen, die beispielsweise sowohl den Funktionsumfang, die Qualität der migrierten Daten als auch die Benutzerfreundlichkeit berücksichtigt.

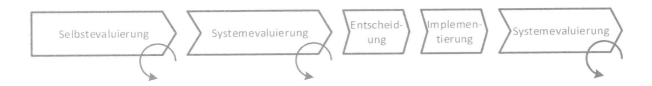

Abbildung 44 die Erweiterung des im Kapitel 1.7 vorgestellten Modelles

Literaturverzeichnis

[1]   Aras, 2016. *Product Life Cycle Management. Why PLM?*. [Online]
        Available at: http://www.product-lifecycle-management.info/why-plm/do-you-need-plm.html
        [Zugriff am 05 02 2016].

[2]   Arnold, V., Dettmering, H., Engel, T. & Karcher, A., 2011. *Product Lifecycle Management beherrschen. Ein Anwenderhandbuch für den Mittelstand*. Berlin, Heidelberg: Springer.

[3]   Binzer, 2011. *Fraunhofer*. [Online]
        Available at: http://wiki.iao.fraunhofer.de/images/downloads/judith-binzer_erfolgsfaktoren-bei-der-auswahl-und-einfuehrung-von-pdm.pdf
        [Zugriff am 16 03 2016].

[4]   Brown, J., 2015. *Choosing a PLM system for your company? Start with strategy.* [Online]
        Available at: http://searchmanufacturingerp.techtarget.com/feature/Choosing-a-PLM-system-for-your-company-Start-with-strategy
        [Zugriff am 02 01 2016].

[5]   Business-Software, 2016. [Online]
        Available at: http://www.arenasolutions.com/pdfs/resources/top_10_plm.pdf
        [Zugriff am 15 02 2016].

[6]   Dassault Systèmes SolidWorks Corp., 2012. *PDM und PLM im Vergleich: Am Anfang steht PDM.* [Online]
        Available at:
        https://www.solidline.de/fileadmin/user_upload/content/Referenzen_Ratgeber/Datenverwaltung/PDM_und_PLM_im_Vergleich.pdf
        [Zugriff am 05 02 2016].

[7]   Dassault Systèmes, 2006. *Alpine verkürzt Produkteinführungszeit mit PLM von Dassault Systèmes und IBM.* [Online]
        Available at: http://www.3ds.com/de/pressemitteilungen/einzeln/alpine-verkuerzt-produkteinfuehrungszeit-mit-plm-von-dassault-systemes-und-ibm/
        [Zugriff am 05 02 2015].

[8]   Ehmann, E., 2015. *Lexikon für das IT-Recht 2015/2016: Die 150 wichtigsten Praxisthemen.* Heidelberg: Hüthig Jehle Rehm.

[9]   Eigner, M. & Stelzer, R., 2009. *Product Lifecycle Management. Ein Leitfaden für Product Development und Life Cycle Management.* Dordrecht, Heidelberg, London, New York: Springer.

[10]   Feldhusen, J. & Grote, K.-H. Hrsg., 2014. *Dubbel. Taschenbuch für den Maschinenbau.* Berlin, Heidelberg: Springer Verlag.

[11]   Fieten, R., 1991. *Erfolgsstrategien für Zulieferer: Von der Abhängigkeit zur Partnerschaft Automobil- und Kommunikationsindustrie.* Wiesbaden: Gabler Verlag.

[12]   Fraunhofer IPK, 2013. *Fraunhofer IPK.* [Online]
        Available at: https://www.ipk.fraunhofer.de/geschaeftsfelder/virtuelle-produktentstehung/vdi-studie/
        [Zugriff am 13 02 2016].

[13]   M. Alemanni, F. D. E. V., 2011. Model-based definition design in the product lifecyclemanagement scenario. *The International Journal of Advanced Manufacturing Technology,* 52(1), pp. 1-14.

[14]   Martin Eigner, R. S., 2008. *Product Lifecycle Management Ein Leitfaden für Product Development und Life Cycle Management.* 2 Hrsg. Kaiserslautern, Dresden: Springer-Verlag.

[15]   McKinney, 2014. *cimdata.com.* [Online]
        Available at: http://www.cimdata.com/en/education/educational-webinars/how-to-properly-plan-your-plm-implementation
        [Zugriff am 1 03 2016].

[16]   Metzner, W. & Wintzenburg, J. B., 2006. *Es passt nicht. Airbus - Die Geschichte eines deutsch-französischen Missverständnisses.* [Online]
        Available at: http://www.stern.de/wirtschaft/news/airbus-es-passt-nicht-3325122.html
        [Zugriff am 11 02 2016].

[17]   Porter, S., 2012. *The PLM Primer.* Austin, Texas : zerowait-state.

[18]   Poston, D., 2006. *Semiconductor Product Lifecycle Management - Industry Adoption, Benefits and The Road Ahead.* [Online]
        Available at: http://kalypso.com/downloads/insights/Transforming_PLM_2.pdf
        [Zugriff am 10 03 2016].

[19]   R. Batenburg, R. H. J. V., 2006. PLM roadmap: stepwise PLM implementation based on the concepts of maturity and alignment. *Int. J. Product Lifecycle Management,* 1(4), pp. 333-351.

[20]   Saaksvuori, A. & Immonen, A., 2008. *Product Lifecycle Management.* Berlin, Heidelberg: Springer.

[21]   Scheer, A.-W.et al., 2005. *Prozessorientiertes Product Lifecycle Management.* Berlin, Heidelberg: Springer.

[22]   Schiff, J. L., 2013. *CIO.Com.* [Online]
Available at: http://www.cio.com/article/2386740/enterprise-software/how-to-choose-the-right-software-vendor.html
[Zugriff am 11.2.2016 2 2016].

[23]   Sendler, U., 2009. *Das PLM-Kompendium -Referenzbuch des Produkt-Lebenszyklus-Managements.* Berlin, Heidelberg: Springer.

[24]   Silventoinen, H. J. P. H. K. H. L., 2011. Towards future PLM maturity assessment dimensions. *PLM11 - 8th International Conference on Product Lifecycle Management.*

[25]   Stiller, G., 2015. *Variantenstückliste.* [Online]
Available at:
http://www.wirtschaftslexikon24.com/d/variantenstueckliste/variantenstueckliste.htm
[Zugriff am 06 02 2016].

[26]   Verein Deutscher Ingenieure, 2014. Informationsverarbeitung in der Produktentwicklung. Einführung und Betrieb von PDM-Systemen. VDI 2219 Entwurf. In: *VDI-Handbuch Produktentwicklung und Konstruktion - VDI-Handbuch Informationstechnik, Band 1: Angewandte Informationstechnik.* Düsseldorf: VDI-Gesellschaft Produkt- und Prozessgestaltung. Fachbereich Produktentwicklung und Mechantronik.

[27]   Wendenburg, M., 2014. Näher zusammenrücken. *DIGITAL ENGINEERING,* Issue 06, pp. 32-33.

Abbildungsverzeichnis

Tabellenverzeichnis